DE LA

RESPONSABILITÉ DU VOITURIER

DANS

LE TRANSPORT DES VOYAGEURS

PAR

Marcel BERTHOUD

Docteur en droit.

LYON

A. REY & Cie, IMPRIMEURS-ÉDITEURS DE L'UNIVERSITÉ

4, RUE GENTIL, 4

1903

DE LA

RESPONSABILITÉ DU VOITURIER

DANS LE TRANSPORT DES VOYAGEURS

DE LA
RESPONSABILITÉ DU VOITURIER

DANS

LE TRANSPORT DES VOYAGEURS

PAR

Marcel BERTHOUD

Docteur en droit.

—————

LYON

A. REY & Cie, IMPRIMEURS-ÉDITEURS DE L'UNIVERSITÉ

4, RUE GENTIL, 4

—

1903

DE LA

RESPONSABILITÉ DU VOITURIER

DANS LE TRANSPORT DES VOYAGEURS

INTRODUCTION

IMPORTANCE DU SUJET. — DIVISION DE CETTE ÉTUDE

S'il est une question qui démontre la nécessité de mettre en harmonie les lois avec le milieu dans lequel elles doivent recevoir leur application, avec les changements et les progrès en quelque sorte de la civilisation, c'est incontestablement celle de la responsabilité du voiturier à l'occasion du transport des personnes.

Les auteurs du Code civil en rédigeant la section consacrée au voiturier, aussi bien que ceux du Code de commerce, étaient certainement loin de se douter du bouleversement général que l'industrie des transports, sous l'influence des découvertes nouvelles, devait subir en quelques années. A cette époque, le moindre voyage qui, à l'heure actuelle, semble chose toute naturelle, constituait un événement notable de la vie et ce n'était pas sans une certaine appréhension que l'on se décidait à l'entreprendre.

Nombreux étaient même ceux qui, avant de se résoudre à courir les risques d'un voyage de Paris à Lyon, ne s'embarquaient qu'après avoir pris toutes leurs dispositions dernières, comme s'il se fût agi d'une aventure d'où ils ne devaient pas revenir.

Aujourd'hui que la rapidité et la commodité des moyens de transport ont détruit ces préjugés qui nous paraissent ridicules, que les voyages sont en quelque sorte devenus une des nécessités de la vie sociale et commerciale, les dispositions de la loi relatives au contrat de transport apparaissent bien insuffisantes et leur silence absolu en ce qui concerne les personnes est la cause de difficultés et de controverses nombreuses qui feront l'objet de cette étude.

Pas plus le Code civil, en effet, dans les articles 1782 à 1787 que le Code de commerce dans la section IV du livre I relative au voiturier ne s'est occupé du voyageur ; toutes les dispositions légales n'ont trait qu'aux marchandises et si ce n'étaient les raisons précédemment exposées, il semblerait que les législateurs du siècle dernier avaient, oubliant leurs semblables, réservé toutes leurs faveurs aux marchandises.

A plus forte raison est-il inutile de rechercher soit dans la législation romaine soit même dans les auteurs de l'ancien droit français la solution des questions qui nous occupent. Leur silence ne saurait nous étonner étant donné celui des textes qui nous régissent actuellement.

L'importance même du sujet de cette étude résulte justement de cette absence totale de principes généraux permettant aux jurisconsultes et aux praticiens de résoudre facilement les nombreux problèmes qui s'élèvent chaque jour. C'est ce même silence législatif à l'égard des voyageurs, qui est la cause des divergences profondes que nous aurons à signaler dans les décisions de la jurisprudence française et qui a inspiré aux auteurs les plus autorisés de la science juridique les systèmes et les conceptions les plus ingénieuses, mais en tous cas les plus différentes, pour arriver à solutionner les questions qui feront l'objet de cette étude, soit par voie d'analogie, soit à l'aide des principes généraux du droit commun.

Un autre intérêt, essentiellement pratique celui-là, qui s'attache à l'examen de la responsabilité du voiturier dans les accidents de transport, puise sa source dans la fréquence même des problèmes à résoudre. Aujourd'hui où les entreprises de chemins de fer, de bateaux, d'omnibus vont chaque jour se multipliant partout, où la circulation est par suite plus intense, en même temps que plus rapide à raison des nouveaux modes de locomotion, les accidents deviennent forcément plus nombreux. Et cette augmentation a comme corollaire naturel une recrudescence de litiges mettant en jeu les difficultés dont nous aurons à chercher la solution. De telle sorte que l'on peut dire que la question dont nous abordons l'étude est véritablement d'actualité. Il n'est pas de jours, en effet, où les tribunaux français, dans tous les degrés de la juridiction, n'aient à écouter les réclamations de voyageurs blessés en cours de route et les accidents particuliers de transport dont les journaux sont quotidiennement l'écho constituent une source intarissable de procès, sans parler des catastrophes, malheureusement trop fréquentes où un nombre plus ou moins grand d'individus trouvent soit la mort soit des infirmités incurables.

La question de responsabilité qui nous occupe présente encore un autre intérêt qui réside dans les divergences à première vue incompatibles que révèle l'étude de la jurisprudence française. Nous aurons à les examiner et, surtout, à rechercher si ces contradictions ne sont pas plus apparentes que réelles et si, dans tous les cas, il n'est pas un moyen de les concilier.

Mais il est nécessaire, tout d'abord, de bien délimiter et préciser le sujet de cette étude, car les termes de « responsabilité du voiturier dans le transport des voyageurs » sont trop généraux et s'appliquent à une série d'hypothèses que nous n'aurons pas à envisager. Ce qui fera l'objet de notre examen, c'est uniquement la responsabilité du voiturier, dans le contrat de transport, c'est-à-dire les accidents survenus à des voyageurs avec lesquels le voiturier a traité, laissant de côté ceux causés à des tiers avec lesquels il n'est lié par aucune convention, comme ceux dont ses agents pourraient être victimes. Pour les premiers, pas de difficulté possible : ce sont les articles 1382 et suivants du Code civil qui mettront, à la charge de la victime, la preuve que le dommage dont elle se plaint est le résultat d'une faute, d'une imprudence ou d'une négligence de celui à qui la réparation en est demandée.

Pour les seconds, c'est la loi du 9 avril 1898 qui recevra son application.

Nous n'aurons donc à examiner que les diverses situations juridiques créées par des accidents survenus à des voyageurs pendant l'exécution du contrat de transport.

Un voyageur, par exemple, monte dans un train ou dans un omnibus : le train est tamponné par un autre convoi ou déraille, l'omnibus verse par suite de la maladresse du cocher ou par la faute d'un tiers. Est-ce que la Compagnie de chemin de fer ou d'omnibus va être de plein droit, par le seul fait du contrat qui la lie au voyageur, responsable de l'accident survenu à ce dernier? Suffit-il, autrement dit, à la victime de représenter son billet ou son ticket, en disant : « J'étais dans le convoi et j'ai été blessé » — pour être assurée de toucher une indemnité, sans avoir à se soucier des causes de l'accident? Ou, au contraire, est-ce au voyageur qui demande la réparation du dommage que lui a causé l'accident à démontrer tout d'abord et avant tout qu'il est imputable à une faute, une imprudence ou une négligence du voiturier ou de ses préposés et que, en outre, il n'a pas d'autres causes?

C'est la première difficulté que nous aurons à résoudre : celle de la nature de l'action en responsabilité du voyageur contre le voiturier et nous verrons que, par l'un des intérêts principaux qui s'y rattachent — nous voulons parler de la question de savoir à qui incombe le fardeau de la preuve — c'est incontestablement celle dont la pratique fournit le plus d'exemples.

Ce sera l'objet de la première partie de cette étude.

Mais, une fois la nature de l'action en responsabilité du voiturier bien déterminée, il nous restera encore à rechercher quelles sont les différentes personnes à qui cette action peut appartenir et quelles sont, en outre, les conditions de son exercice et de sa transmission.

C'est ce que nous ferons dans la deuxième partie de ce travail.

PREMIÈRE PARTIE

CHAPITRE PREMIER

INTÉRÊTS DE LA QUESTION

Les voituriers sont responsables, dit l'article 1784 du Code civil, de la perte et des avaries des choses qui leur sont confiées, à moins qu'ils ne prouvent qu'elles ont été perdues et avariées par cas fortuit ou force majeure.

Mêmes dispositions dans l'article 103 du Code de commerce : « Le voiturier est garant de la perte des « objets à transporter, hors les cas de force majeure ».

« Il est garant des avaries autres que celles qui pro- « viennent du vice propre de la chose ou de la force « majeure. »

Pour les marchandises, la situation est donc bien définie : le voiturier est responsable de leur arrivée à bon port, de plein droit, par le seul fait du contrat. Dès l'instant qu'il prend en charge un colis, il s'engage tacitement à le rendre au destinataire, non seulement dans un délai déterminé, mais encore en parfait état de conservation et tel qu'il l'a lui-même reçu au départ.

Et malheur à lui si, en cours de route, l'objet transporté vient à être avarié ! La loi est pour lui inexorable :
jusqu'à preuve du contraire, l'avarie est présumée
être le résultat d'une faute, d'une maladresse, voire
même d'un défaut de soins de ses préposés. C'est à
lui, s'il veut dégager sa responsabilité, à démontrer
d'une façon péremptoire que toute sa vigilance n'a pu
prévenir le dommage qu'on lui impute, qu'il a fait
tout ce qu'il était humainement possible de faire pour
l'éviter, ou que l'avarie survenue à l'objet transporté
n'est que le résultat de l'état intrinsèque de la marchandise, c'est-à-dire d'un vice inhérent à sa propre
nature.

Mais que décider pour le voyageur dont aucun texte
de loi n'a pris soin de parler ? A tout prendre, la convention qui se forme entre un voiturier et un voyageur
pour le transport de la personne de ce dernier et celle
qui se conclue entre le même voiturier et un individu
quelconque, pour le transport d'une marchandise, ne
semblent pas, à première vue, si dissemblables. Dans
un cas comme dans l'autre, c'est un louage d'ouvrage
ou d'industrie, dans le but de faire parvenir, à un
endroit déterminé et dans un espace de temps fixé à
l'avance, ce qui, individu ou marchandise, a fait
l'objet de la stipulation.

Faut-il conclure de cette analogie apparente que la
situation sera la même dans les deux cas et que, par
suite, le voiturier sera de plein droit responsable de
tous les accidents qui pourront survenir à un voyageur
pendant la période d'exécution du contrat, sauf à
s'exonérer en démontrant qu'ils sont le résultat d'un
cas fortuit ou de la seule imprudence des victimes ?

Ou, au contraire, doit-on décider que la présomption spéciale de faute édictée par les articles 1784 du Code civil et 103 du Code de commerce s'applique uniquement aux marchandises et que, dès lors, c'est au voyageur qui se prétend victime d'un accident à démontrer qu'il est imputable au voiturier et à ses agents dans les termes des articles 1382 et suivants du Code civil. Autrement dit, lorsque, en cours de transport, une personne est blessée ou tuée, l'action en responsabilité contre le voiturier est-elle régie par les articles 1784 du Code civil et 103 du Code de commerce ou par l'article 1382 du Code civil ?

Telle est la question de la nature de l'action en responsabilité qui appartient au voyageur contre le voiturier.

C'est pour la résoudre que les systèmes les plus différents se sont fait jour dans la théorie et que la jurisprudence s'est partagée en deux camps bien distincts.

Pour les uns, il n'y aurait aucune raison de distinguer entre le voyageur et le colis et de refuser au premier la protection que la loi accorde au second. D'après les partisans de ce système, ce serait dans les obligations qui découlent du contrat de transport que le voyageur victime d'un accident trouverait le fondement de son action ; il lui suffirait de démontrer l'existence de la convention qui le lie au voiturier pour que sa créance d'indemnité prenne naissance.

C'est le système que l'on est convenu d'appeler « système de la responsabilité contractuelle du voiturier » et qui doit la faveur dont il a joui et jouit encore à l'autorité de ses partisans.

Dans un sens diamétralement opposé et pour ainsi

dire comme contre-partie s'érige un autre système celui de « la responsabilité délictuelle du voiturier » d'après lequel le voyageur n'aurait à son service, en cas d'accident, d'autres armes que celles que les articles 1382 et suivants du Code civil mettent à sa disposition. Ici pas de confusion possible entre le voyageur et le colis ; le voiturier n'est tenu que de sa faute délictuelle, alors que dans le système précédent il répond de sa faute contractuelle.

Mais ce serait une erreur de croire que ce soient là les deux seules solutions qui aient été proposées au problème de la nature de la responsabilité du voiturier. Si, en effet, dans la jurisprudence, les systèmes précédents ont été jusqu'ici les seuls qui ont prévalu, la doctrine en a vu éclore bien d'autres.

Mais, avant de les parcourir successivement, il convient de rechercher l'utilité pratique de leur examen et surtout l'intérêt qu'il peut y avoir à choisir entre les deux systèmes qui partagent actuellement la jurisprudence.

Nous verrons que tous les intérêts que nous aurons à signaler relativement au choix à faire entre les deux systèmes constitueront entre ces derniers autant de différences importantes.

§ 1. Fardeau de la preuve.

L'intérêt capital, ainsi que nous le disions précédemment, réside dans le point de savoir à qui du voyageur ou du voiturier incombera l'obligation de faire la preuve des faits générateurs de l'accident, c'est-à-dire ce que l'on est convenu d'appeler « le fardeau de la preuve ».

Il faut avouer que, dans la pratique, cette question préjudicielle qui décide de la recevabilité de la demande est bien souvent l'écueil où viennent s'échouer un grand nombre d'actions intentées pour accidents de transport.

Voici, par exemple, un voyageur qui pendant la marche d'un train se penche à la portière de son wagon. La portière se trouve n'être pas fermée ; il est précipité sur la voie et, en tombant, il se blesse plus ou moins grièvement. Va-t-on dire avec le système de la responsabilité délictuelle, que c'est à la victime de cet accident de prouver que la non-fermeture de la portière est le résultat de la faute de la Compagnie de transport et qu'en l'absence de cette preuve précise et déterminée son action devra être rejetée? Ou bien au contraire étendant au voyageur le bénéfice de l'article 1784 du Code civil, laissera-t-on à la charge du voiturier la preuve que l'accident n'est dû qu'à la négligence ou à l'imprudence du voyageur ?

Il est facile de comprendre que le choix entre les deux systèmes présente le plus souvent dans la pratique un intérêt capital ; car nombre d'accidents surviennent sans que personne en soit témoin et l'impossibilité de faire la preuve équivaut alors à la condamnation certaine de celle des deux parties qui en a la charge.

Il ne faudrait pas cependant exagérer outre mesure cet intérêt ou plutôt prétendre qu'il se manifestera pour tous les accidents de transport.

C'est ce que dit très justement M. Chavegrin[1] :

---

[1] Chavegrin, Note dans *Sirey*, 1896, II, 226.

« Il faut se garder de grossir plus qu'il ne convient
« l'intérêt de cette question. Cela se comprend bien,
« dit-il. Si, en effet, nous considérons les accidents de
« chemin de fer, les plus nombreux atteignent des
« personnes qui se trouvent dans des trains lancés à
« une vitesse plus ou moins grande et n'ont aucune
« action sur leur marche. Ce ne sont pas les voyageurs
« qui jettent leur wagon sur une locomotive venant en
« sens inverse. »

Ce ne sont pas davantage, pourrait-on ajouter, les
voyageurs qui précipitent leur train en dehors des
rails ou l'omnibus dans lequel ils ont pris place au-
devant d'un autre convoi qui le tamponne.

En fait, les cas où il y a véritablement doute sur les
causes de l'accident sont assez rares ; il en existe néanmoins certains qui suffisent à justifier l'intérêt qui
s'attache au choix à faire entre les systèmes en présence.

§ 2. Obligations contractées par le voiturier. — Sécurité du voyageur.

Si l'on admet que toutes les conséquences d'un accident survenu pendant le transport doivent être réglées
par les articles 1784 du Code civil et 103 du Code de
commerce, c'est-à-dire que la responsabilité du voiturier est contractuelle, il en résulte, disent les partisans de ce système, que ce dernier prend tacitement
vis-à-vis du voyageur l'obligation de veiller à sa
sécurité.

Cette conséquence pour être logique, semble pourtant bien audacieuse à première vue. Elle n'a cependant pas fait reculer les partisans de M. Sainctelette

— le fondateur en quelque sorte du système de la responsabilité contractuelle — qui prétend trouver dans le contrat de transport lui-même l'origine de cette obligation de sécurité.

D'après lui, le voiturier s'engagerait tacitement à transporter le voyageur « sain et sauf et à le rendre « indemne de tout événement de transport[1]. »

Le voiturier doit donc faire tout ce qui dépend de lui pour que le voyageur arrive sain et sauf à destination ; il doit le protéger non seulement contre les accidents de route qui seraient le résultat soit de l'état défectueux de son matériel, soit d'une faute de ses préposés, mais même encore contre le fait des tiers. Et si le voyageur est blessé ou tué en cours de route par un autre voyageur, le voiturier sera, d'après les partisans de la responsabilité contractuelle, responsable de plein droit de cet accident. Il suffira à la victime ou à ses ayants droit de démontrer l'existence du contrat pour pouvoir prétendre à une indemnité.

Dans ce système, on adjoint en quelque sorte au contrat de transport une convention tacite d'assurance. Il n'y a pas à rechercher si l'attentat criminel dont le voyageur a été victime pouvait ou non être prévu et empêché par les agents du transporteur, si ces derniers ont fait tout ce que la prévoyance humaine leur suggérait pour l'éviter. Non, dans tous les cas le voiturier sera responsable, il est garant de l'arrivée du voyageur à bon port, comme d'un colis.

Il est vrai de dire que tous les partisans du système de la responsabilité contractuelle n'ont pas osé en

[1] Sainctelette, *De la responsabilité et de la garantie*, p. 103.

pousser les conséquences aussi loin que M. Sainctelette, M. Sourdat notamment [1].

Quant à la jurisprudence, elle a toujours refusé
d'admettre *a priori* que la responsabilité des voituriers
fût engagée à raison des tentatives criminelles commises
sur des voyageurs en cours de transport. Elle se
réserve seulement le droit d'examiner si le dommage
subi par la victime n'aurait pas pour cause un défaut
de soins, une négligence ou une inobservation des
règlements de la part des transporteurs [2].

Pour les partisans du système de la responsabilité
délictuelle, au contraire, l'obligation de veiller à
la sécurité du voyageur ne se trouve pas contenue
dans le contrat de transport. Pour eux, c'est le dénaturer pour ainsi dire, que de prétendre y trouver cette
obligation d'une façon aussi large. Il paraît inadmissible, dit-on, que le voyageur stipule tacitement du
transporteur l'absence d'accident et que ce dernier
s'y soit engagé, de telle sorte que la moindre blessure
puisse être considérée comme l'inexécution d'une des
clauses de la convention, obligeant le voiturier à faire
la preuve de sa libération [3].

[1] Sourdat, *Traité de la responsabilité*, t. II, nᵒ 1058.
Voir aussi, Cotelle, *Législation des chemins de fer*, nᵒˢ 567
et s.
Voir aussi, Lamé-Fleury, *Code des chemins de fer*, 3ᵉ éd.,
t. 910.
[2] Paris, 16 décembre 1873, *S.* 74, II, 216; *D.* 74, II, 126.
Aix, 7 juillet 1887, Lamé-Fleury, *Code*, p. 910..
N.-B. — Ce qu'il y a de curieux à noter, c'est que ces deux
décisions émanent justement de tribunaux partisans du système
de la responsabilité contractuelle.
[3] *Dalloz*, Suppl., *Verbo* RESPONSABILITÉ, nᵒ 57.

Sans doute, le voiturier est tenu de prendre à leur égard toutes les mesures de précaution que commandent la prudence et l'observation des règlements, mais là s'arrêtent ses obligations. Et si, par hasard, il les a négligées, ce n'est point dans sa convention que le voyageur blessé trouvera le moyen d'agir pour demander la réparation du préjudice qu'il aura souffert, mais seulement dans les articles 1382 et suivants du Code civil.

Ici donc, le voiturier ne répond du fait des tiers que s'il a lui-même une faute quelconque à se reprocher, et c'est dans tous les cas au voyageur qu'il appartient d'en faire la preuve.

Comme on le conçoit facilement, l'intérêt qu'il y a à choisir entre les deux systèmes est considérable; car il n'est pas indifférent d'avoir en face de soi un voiturier généralement très solvable, au lieu d'un assassin contre lequel tout recours resterait purement illusoire.

§ 3. Stipulations qui peuvent être ou ne pas être contenues dans le contrat de transport.

« Les conventions légalement formées tiennent lieu de loi à ceux qui les ont faites », dit l'article 1134 du Code civil; ce qui revient à dire que toute stipulation qui n'est pas contraire à l'ordre public ou aux bonnes mœurs peut faire l'objet d'un contrat.

En partant de ce principe, il semble, si l'on admet que la responsabilité du voiturier puise sa source dans la convention intervenue et dans les obligations qui en découlent, que les parties pourront, par avance, convenir expressément ou tacitement de telle ou telle chose, par exemple limiter à un certain chiffre les dommages-intérêts contractuels dûs en cas d'accident, les supprimer même totalement, ou bien mettre la preuve des causes de l'accident à la charge du voyageur. Puisque tout est conventionnel, il suffit de vouloir de part et d'autre. Au surplus, si l'article 1134 du Code civil pouvait laisser subsister quelques doutes sur la valeur de ces clauses dites « de garantie limitée, de non-garantie ou de renversement de la preuve, » l'article 1152 du Code civil suffirait à lui seul pour les lever tous.

Pourtant, à cet égard, si logiques que soient ces conséquences, les partisans du système de la responsabilité contractuelle ne les ont pas admises aussi facilement. M. Sainctelette notamment devient éclectique. S'il reconnaît la validité des stipulations relatives au renversement de la preuve, il repousse au contraire toutes celles, expresses ou tacites, qui auraient pour but d'exonérer d'une façon absolue le voiturier des fautes qu'il pourrait commettre, et cela au nom de l'ordre public : « Le mal fait aux personnes, dit-il, par défaut de prévoyance ou de précaution, est une lésion de l'ordre public que ne peuvent autoriser les contrats les plus explicites [1]. »

Donc, malgré que la responsabilité du voiturier puise sa source dans la convention elle-même, et malgré le principe de la liberté absolue des conventions, impossibilité pour le transporteur de stipuler par avance la non-responsabilité de ses fautes. Mais, par contre, toute faculté est laissée aux parties

[1] Sainctelette, *De la responsabilité et de la garantie*, p. 103.

de convenir que la preuve des causes de l'accident sera mise à la charge du voyageur.

Il est vrai de dire, comme le fait très justement remarquer M. Zens [1], que l'admission dans le système de M. Sainctelette de cette clause de renversement de la preuve a été l'un des arguments les plus sérieux de ses adversaires qui prétendent qu'elle équivaut à la destruction complète du système. Elle est, en effet, grosse de conséquences. Car, étant donné son utilité pour le voiturier, il n'aura garde de l'oublier et elle deviendra forcément usuelle. On l'imposera aux voyageurs qui, désarmés le plus souvent devant le monopole du voiturier, ne pourront jamais établir qu'ils n'ont accepté cette clause que contraints et forcés.

Si l'on admet au contraire que la responsabilité du voiturier est délictuelle, les stipulations dont nous venons de parler ne seront plus possibles. Le délit étant une violation de la loi, c'est-à-dire une atteinte à l'ordre public, il n'est pas permis de convenir que celui qui s'en rendra coupable ne réparera pas les conséquences dommageables de sa faute ou que la satisfaction à donner à sa victime sera limitée à un chiffre déterminé. L'ordre public, avec lequel on ne transige pas, exige comme sanction du délit, une réparation pleine et entière ; il faut que justice soit faite et il n'est permis à personne de s'assurer par la convention la plus expresse l'impunité de ses propres fautes.

---

[1] Zens, *De la responsabilité du voiturier à raison des accidents de personnes*, p. 121.

§ 4. Champ d'application des deux systèmes en ce qui concerne les personnes qui peuvent exercer l'action en responsabilité.

Ici encore, le choix entre les deux systèmes en présence ne manque pas d'un certain intérêt.

Pour ceux qui prétendent que la responsabilité du voiturier en matière d'accidents de transport est contractuelle, l'article 1165 du Code civil, qui n'est que la traduction du vieil axiome romain : « *Res inter alios « acta, aliis nec noscere nec prodesse potest* », semble interdire à tout autre qu'à la victime ou à ses hértiers le droit de demander au voiturier la compensation pécuniaire du dommage résultant d'un accident en se fondant sur la convention intervenue.

Ce n'est pas à dire que, si une personne autre que la victime ou un de ses ayants cause à titre universel justifie d'un préjudice certain résultant de l'accident, aucune action ne lui soit ouverte même avec le système de la responsabilité contractuelle. Evidemment non, mais ce n'est plus en se fondant sur la convention intervenue et sur son exécution défectueuse qu'elle pourra agir contre le voiturier, mais en invoquant les articles 1382 et suivants du Code civil. Elle n'a pas été partie au contrat intervenu entre le voyageur et le voiturier ; elle n'a donc pas le droit d'en critiquer l'exécution. Tout ce que la loi l'autorise à faire, c'est à prouver que par le fait de l'accident survenu au voyageur elle a subi un préjudice certain. Mais au lieu de bénéficier comme la victime ou ses héritiers des avantages qui résultent de la convention et principalement de la présomption de faute qui pèse sur le voiturier, il lui appartiendra au contraire de démontrer que l'accident qui a été la cause du préjudice dont elle demande la réparation est imputable uniquement à ce dernier ou à ses préposés et, comme nous l'avons vu, cette preuve peut être parfois très difficile à faire.

Ainsi donc, avec le système préconisé par M. Sainctelette, on arrive forcément à cette conclusion que le fondement de l'action en responsabilité varie suivant la qualité des personnes qui l'exercent.

Il ne faudrait pas croire que cette question soit purement une discussion d'Ecole. Pour ne citer qu'un exemple, supposons que la victime d'un accident laisse d'une part des ascendants qui vont profiter de ses droits et actions et, d'autre part, un frère qui peut établir que la mort de son parent lui cause un préjudice actuel et certain, étant donné les secours qu'il recevait de lui. Les ascendants ont incontestablement le droit de profiter des actions que la victime auraient eues ; ils les exerceront en s'appuyant comme elle l'aurait fait elle-même sur le contrat et les obligations qui en découlent. Ils n'auront donc pas à faire la preuve de la faute du voiturier, mais seulement à attendre qu'il se disculpe de tout reproche.

Tout autre sera la situation du frère de la victime qui, n'ayant pas été partie au contrat et ne pouvant se prévaloir des droits du défunt, se verra dans la nécessité de démontrer la faute du voiturier, conformément aux articles 1382 et suivants du Code civil.

Le système de la responsabilité délictuelle est plus logique à cet égard, puisqu'il donne satisfaction de la même manière à tous ceux qui ont souffert un dom-

mage du fait de l'accident. Ici, pas de fondements différents de l'action en responsabilité suivant la qualité des
demandeurs comme dans le système précédent. A tous,
le voiturier devra la réparation du préjudice résultant
des délits ou quasi-délits commis par lui ou ses préposés et pour tous de la même manière, c'est-à-dire à
la condition que les intéressés établissent d'abord la
faute germe de la responsabilité et, en outre, le préjudice qui en est la conséquence.

Nous avons dit que ce système était plus logique ;
nous pourrions ajouter qu'il est plus équitable et surtout plus moral ; car, il met sur le même pied d'égalité
tous les intéressés, alors que le précédent, au contraire,
réserve ses faveurs à une certaine catégorie d'individus,
les héritiers, qui ne sont pas toujours ceux qui subissent le préjudice le plus véritable.

§ 5. Recours en garantie.

La responsabilité d'un fait délictueux ou même
quasi-délictueux est essentiellement personnelle en ce
sens qu'elle incombe uniquement à celui qui s'est rendu
coupable du délit ou du quasi-délit et que c'est à lui
seul que la réparation du dommage qui peut en être la
conséquence doit être demandée. Autrement dit, le
délinquant est tenu vis-à-vis de la personne à qui le délit
a causé un préjudice d'une espèce de solidarité passive[1],
de telle sorte que la victime peut ne s'adresser qu'à
lui pour obtenir la compensation pécuniaire du dommage dont elle souffre, sans s'inquiéter de ses coauteurs

____

[1] Art. 55 C. pén.

ou complices. Et il n'est même pas permis à l'auteur d'un délit d'esquiver la responsabilité de sa faute ou de chercher à en diminuer les conséquences en faisant retomber le fait dommageable sur d'autres personnes. Ce qui revient à dire que la demande en garantie n'est pas recevable en matière de délits ou de quasi-délits.

Il en est tout autrement en matière de fautes contractuelles. Celui qui n'a pas tenu les engagements qu'il avait pris peut parfaitement s'exonérer de toute ou partie de la responsabilité qu'il encourt en démontrant que l'inexécution ou l'exécution défectueuse qu'on lui reproche n'est point de son fait, mais provient du fait d'autrui. A la seule condition de faire cette preuve, il pourra, en appelant en garantie ceux qu'il prétend rendre responsables de l'inexécution dont on lui fait grief, obtenir sa mise hors de cause. C'est cette différence capitale qui distingue la faute contractuelle du quasi-délit et qui constitue encore un nouvel intérêt du choix à faire entre les deux systèmes en présence.

Considère-t-on, en effet, que la responsabilité du voiturier est basée sur un délit ou un quasi-délit, on doit refuser à ce dernier la possibilité d'esquiver une condamnation en se faisant garantir par un tiers des suites de sa faute. Il doit en supporter seul le poids, sauf à lui à demander ultérieurement à celui qu'il prétend rendre responsable de l'accident, par voie d'action principale et directe, de contribuer au paiement de l'indemnité à laquelle il aura été condamné.

Cette solution est constante en doctrine et en jurisprudence et a été fort bien mise en évidence par un

jugement assez récent du Tribunal civil de Lyon, con-
firmé d'ailleurs par arrêt de la Cour[1].

Ces deux décisions ont été rendues dans les circonstances suivantes qu'il nous semble utile de rappeler :
« Une dame F..., se trouvant sur la plate-forme d'un
tramway, avait été projetée à terre par suite de l'ouverture intempestive de l'une des portières latérales de
la voiture. Grièvement blessée, elle demanda devant
le Tribunal civil de Lyon la réparation pécuniaire du
dommage qu'elle avait éprouvé à la Compagnie de
tramways, auteur de l'accident. Cette dernière pré-
tendant à tort ou à raison que l'ouverture inattendue
de la portière n'était pas le résultat d'un défaut de soins
de ses préposés, mais d'un vice de construction de la
voiture, appela en garantie la Société de constructions
qui lui avait fourni son matériel. Le Tribunal civil de
Lyon, estimant que la demande de la dame F... était
basée sur un délit ou un quasi-délit de la Compagnie
de tramways, a refusé à cette dernière la possibilité de
se soustraire à la responsabilité qu'elle avait encourue
en actionnant en garantie un tiers. »

« Attendu, dit-il, que l'action en dommages-intérêts
« intentée par la dame F... contre la Compagnie des
« tramways est fondée sur un délit ou un quasi-délit.

« Que, dès lors, la Compagnie défenderesse ne sau-
« rait se décharger de la responsabilité pécuniaire qui
« pourrait lui incomber, à raison du fait personnel qui

[1] Tr. civil de Lyon (1re Ch.), 7 janvier 1899. — Arrêt conf.
(1re Ch.), 30 octobre 1900 — Voir aussi : Colmar, 22 avril 1846,
D. P., 47, II, 179.

Cass. civ., 31 juillet 1878, D. P., 79, 1, 374; Paris, 27 décembre 1883, D. P., 85, II, 222-223.

« lui est imputable, en actionnant indirectement en
« garantie la Société de..... ;

« Qu'il lui appartient seulement, si elle le juge à
« propos, d'actionner cette dernière Société par action
« principale et directe[1]..... »

Ainsi donc, d'après la jurisprudence, impossibilité
absolue pour le voiturier tenu en vertu de l'article 1382
C. civ. d'échapper, par une action en garantie, aux
conséquences de sa faute. Il n'a que la ressource de
demander, par voie principale et directe, à celui à qui
il impute l'accident, de le décharger de la responsabilité pécuniaire qu'il aura encourue[2].

Il semble, à première vue, que le seul intérêt en jeu
soit une question de forme ou de procédure, puisque
d'une façon ou d'une autre c'est toujours le véritable
auteur de l'accident qui devra en définitive en suppor-

---

[1] Voir dans le même sens, C., Paris, 31 janvier 1895, S.,
1896, II, 226, et la note de Chavegrin. La Cour refuse à une
Compagnie d'omnibus, contre laquelle d'ailleurs elle relève une
faute, le droit de s'exonérer de la responsabilité lui incombant
en appelant en garantie un tiers qu'elle prétend responsable de
l'accident objet du litige.

Voir aussi : Rouen, 14 mai 1840, D. P., 42, I, 318.

[2] Cass. req., 8 novembre 1886, D. P., 87, I, 9.

Voir aussi : Tr. civil de Lyon (2e Ch.), 24 juin 1902, Affaire
Compagnie P.-L.-M. contre Veuve Rougier et Bajard :

« Attendu que si, aux termes des conventions verbales qui ont
« pu intervenir entre la Compagnie P.-L.-M. et Bajard. ce der-
« nier est responsable des accidents, c'est seulement dans la
« mesure des lois et règlements, c'est-à-dire comme entrepre-
« neur ;

« Que la Compagnie P.-L.-M. ne saurait donc s'exonérer au
« moyen d'un recours en garantie des conséquences des fautes
« personnelles qu'elle a pu commettre elle-même ou par ses
« préposés... »

ter les conséquences. Il y a plus cependant, et le côté pratique de cette distinction apparaît facilement. Telle personne, en effet, très solvable aujourd'hui, ne le sera plus demain, et alors le recours par voie principale et directe dont parle le jugement précité risque parfois de rester illusoire.

Ces recours en garantie seront, au contraire, parfaitement recevables, si l'on admet que la responsabilité du voiturier dérive de la convention intervenue et qu'elle n'est en quelque sorte que la sanction de l'obligation de sécurité qu'il a tacitement prise au moment du contrat. Car alors on se trouve en présence d'obligations conventionnelles, et rien ne s'oppose à ce que le débiteur poursuivi cherche à se disculper de la responsabilité qu'il encourt en démontrant que l'inexécution dont on lui fait grief est le résultat du fait d'un tiers.

§ 6. Règlement des indemnités dues aux victimes. Eléments d'appréciation pour l'évaluation du préjudice.

Aux termes de l'article 1150 du Code civil, le débiteur conventionnel n'est tenu que des dommages-intérêts qui ont été prévus ou qu'on a pu prévoir lors de la formation du contrat, à moins que ce ne soit par son dol que l'obligation n'a pas été exécutée ;

Et l'article 1151 d'ajouter immédiatement que, même dans ce dernier cas, les dommages-intérêts ne doivent comprendre que ce qui est une suite immédiate et directe de l'inexécution de la convention.

La loi, comme on le voit, se montre donc très indulgente pour le débiteur contractuel ; elle a tenu compte, sans doute, de l'intention tacite que les parties ont dû respectivement avoir en contractant. Elle suppose avec raison que ces dernières n'ont pensé qu'à ce qu'elles prévoyaient ou pouvaient normalement prévoir à ce moment.

Et même, dans le cas où le dol a été la cause de l'inexécution de l'obligation, le législateur limite encore la satisfaction à donner au créancier à ce qui est une suite immédiate et directe de l'inexécution de la convention.

Ce sont ces tempéraments qui devront être apportés à la responsabilité du voiturier, si l'on admet que cette dernière est contractuelle. Il ne devra réparer que le préjudice qu'il avait prévu ou pu prévoir lors du contrat, et même, en cas de dol, il ne sera tenu que du dommage qui sera la suite directe et immédiate de l'inexécution de ses engagements.

On aboutit, dans ce système, à cette solution au moins bizarre que le voiturier, ne pouvant pas au moment où il contracte se rendre compte de la situation pécuniaire ou sociale, du crédit ou, au contraire, des charges de celui avec lequel il traite ne devra, dans tous les cas, qu'une indemnité uniforme, la même pour tous les voyageurs, sa quotité ne devant varier que d'après la blessure reçue et sa gravité. C'est ce que l'on a appelé le « tarif des amputations » de M. Sainctelette. « La sûreté des personnes, à la différence de la sûreté des choses, dit ce dernier, ne se gradue pas[1]. »

Donc, ce qui sert à déterminer dans ce système le quantum de l'indemnité à allouer à la victime, ce ne

---

[1] Sainctelette, *De la responsabilité et de la garantie*. p. 106.

sont point les éléments d'appréciation dont on tient compte habituellement, mais uniquement la nature et la gravité de la blessure reçue, quelle que soit, d'ailleurs, la qualité du voyageur. L'amputation d'un bras ou d'une jambe ne coûtera pas plus cher au voiturier qu'il s'agisse d'un riche commerçant ou d'un modeste ouvrier.

Il est vrai de dire que, parmi les partisans du système de la responsabilité contractuelle, M. Sainctelette est presque le seul à admettre cette limitation à la responsabilité du voiturier.

Quant aux tribunaux, — même ceux qui admettent que l'article 1784 Code civil régit le transport des personnes, — ils ne semblent pas, dans la fixation des indemnités qu'ils allouent aux victimes d'accidents, en tenir compte d'une façon très sévère. Il leur arrive parfois, en effet, d'admettre tel ou tel chef de préjudice qui certainement n'était pas entré et ne pouvait pas raisonnablement entrer dans les prévisions des parties au moment du contrat[1].

---

[1] Cass. req., 20 février 1863, *D. P.*,, 64, I, 99. — Aix, 6 mai 1872, *D. P.*, 73, II, 57, qui, pour fixer l'indemnité due aux héritiers de la victime, tient compte non seulement du préjudice matériel, mais même moral résultant de la perte de la direction du père de famille, des affections brisées et de la douleur de ses enfants. Ce sont pourtant des choses qu'il n'est pas possible au voiturier de connaître ni de prévoir au moment du contrat.

Dans le même sens : Angers, 12 juillet 1878, *D. P.*, 72, V, 386.

M. Sourdat lui-même, quoique partisan de la responsabilité contractuelle, admet que la douleur donne droit à des dommages-intérêts qui sont une compensation donnée en argent, faute de mieux (*Traité de la responsabilité*, 2e éd., t. I, nos 33 et s.).

Est-il pourtant quelque chose de plus difficile à connaître et surtout à apprécier que la douleur d'une personne !

Dans tous les cas, d'abord, la jurisprudence, pour fixer le montant des dommages-intérêts dûs à la victime, tient toujours compte de sa situation sociale et de fortune, de son âge, de l'avenir présumé qui lui était réservé, toutes choses pourtant qu'il était impossible au voiturier de connaître et de prévoir en contractant. Les tribunaux ont, il est vrai, peu de peine à se disculper du reproche que l'on pourrait leur faire à cet égard, car la question de savoir ce que le voiturier pouvait normalement prévoir en contractant est du domaine de l'appréciation personnelle.

Pour ceux, au contraire, qui fondent l'action du voyageur contre le voiturier en cas d'accident sur l'article 1382 du Code civil, cette liberté d'appréciation des tribunaux en ce qui concerne les divers éléments de préjudice qui doivent entrer en ligne de compte dans la fixation de l'indemnité paraît toute naturelle. Le délit étant une atteinte à l'ordre public doit recevoir une satisfaction pleine et entière, et il est tout naturel dès lors que les articles 1150 et suivants du Code civil ne trouvent pas ici leur place.

C'est en partant de ces principes que certains tribunaux ont pu décider qu'un voiturier est responsable de la mort d'une femme qui, en voulant porter secours à son enfant tombé d'un train en marche, se précipite elle-même sur la voie et se tue [1].

Aux yeux des articles 1150 et suivants du Code civil, cette décision est anti-juridique ; elle est, au contraire, très rationnelle au regard de l'article 1382. Le voiturier tenu personnellement de son délit ou quasi-délit doit

---

[1] Bordeaux, 31 juillet 1889, *Rec. de Bordeaux*, 1889, 1, 399.

en réparer toutes les conséquences même lointaines et indirectes. A cet égard, il est certain que, dans l'espèce précédente, le suicide involontaire d'une mère pour porter secours à son enfant est bien la conséquence la plus lointaine que l'on puisse concevoir de la faute du voiturier.

C'est également, mais dans un autre ordre d'idées, en usant de ce pouvoir souverain d'appréciation en ce qui concerne la réparation du préjudice, que le tribunal de Rouen a pu déclarer l'auteur involontaire d'un homicide par imprudence responsable des conséquences de son délit vis-à-vis de l'enfant à naître de sa victime [1].

Nous venons de voir l'intérêt qui s'attache au choix à faire entre les deux systèmes en présence en ce qui concerne le règlement des indemnités; l'examen de la question des fautes dont le voiturier peut être tenu de répondre va nous en révéler un autre non moins important.

§ 7. Fautes dont le voiturier est tenu de répondre. Caractère de gravité. Mise en demeure.

De ce que le délit est un trouble, une lésion en quelque sorte de l'ordre public, il en résulte que la morale sociale exige une répression sévère de toutes les atteintes portées à ce dernier, quel que soit d'ailleurs leur caractère de gravité. Les juges, en matière de responsabilité délictuelle, doivent donc tenir compte de toutes les fautes commises, des plus lourdes comme

[1] Rouen, 23 décembre 1887, *Rec. de Rouen*, 1888, 1, 18.

des plus légères. Le plus ou moins de gravité des unes et des autres ne constitue qu'un élément d'appréciation de l'indemnité à allouer à la victime, mais ne saurait en aucun cas être considéré comme un critérium de responsabilité. En matière de délit, en effet, dès l'instant qu'une faute, si légère soit-elle, a été commise, la responsabilité de l'auteur du fait délictueux entre en jeu.

Il n'en est pas de même en matière de responsabilité contractuelle, et cela se comprend facilement. Car, alors, la faute ne porte atteinte ni à l'ordre public, ni même à une collectivité d'individus. Seuls les intérêts des parties contractantes peuvent être lésés et la loi pouvait avec raison se montrer moins sévère. Le contractant, victime de la faute de son co-contractant, ne peut s'en prendre qu'à lui-même du préjudice dont il souffre ; rien ne l'obligeait à traiter avec lui : s'il l'a fait, c'est à ses risques et périls.

Aussi bien, c'est pour ces diverses raisons qu'en matière de responsabilité contractuelle la faute qui présente un certain caractère de gravité est seule prise en considération.

Les différences que nous venons de signaler entre le délit et la faute contractuelle nous indiqueront également la raison d'être de celles qui existent entre la responsabilité délictuelle et contractuelle au point de vue de la mise en demeure.

En matière de responsabilité contractuelle, le débiteur n'est passible de dommages-intérêts que lorsqu'il a été mis en demeure par le créancier d'exécuter l'obligation dont il est tenu, et c'est son refus de satisfaire à la sommation qui lui est faite qui engendre en quelque sorte, au profit du créancier, le droit à des dommages-intérêts.

En matière de responsabilité délictuelle, au contraire, le droit à l'indemnité prend naissance par le seul fait du délit. La mise en demeure a lieu de plein droit et sans sommation de la part du créancier. Cette différence profonde paraît, il est vrai, moins surprenante si l'on tient compte de la nature du délit qui est une atteinte à l'ordre public.

§ 8. Conclusion.

Nous venons de voir les principaux intérêts théoriques ou pratiques qui justifient et expliquent les controverses nombreuses qui se sont élevées sur le véritable caractère de la responsabilité du voiturier et qui constituent entre les deux systèmes les plus en faveur autant de différences importantes. Nous allons maintenant parcourir successivement les différentes solutions qui ont été proposées au problème de la nature de la responsabilité du voiturier, pour chercher à déterminer quelle est celle qui doit être admise comme donnant satisfaction à la fois aux principes généraux du droit et aux considérations très légitimes de l'équité.

CHAPITRE II

SYSTÈME DE LA RESPONSABILITÉ CONTRACTUELLE

§ 1. Exposé du système. — Arguments invoqués en sa faveur par ses partisans.

1º ARGUMENT TIRÉ DE L'ANALOGIE EXISTANT ENTRE LE TRANSPORT DES CHOSES ET CELUI DES PERSONNES ET DE L'EXISTENCE D'UN CONTRAT ENTRE LE VOYAGEUR ET LE VOITURIER.

Le système de la responsabilité contractuelle, c'est le système de l'analogie, pourrait-on dire : c'est l'application au transport des voyageurs dans le silence des textes des dispositions légales relatives aux marchandises. Le voyageur, disent ses partisans, n'est pas simplement un tiers qui se plaint d'un préjudice quelconque; c'est une partie contractante qui invoque l'inexécution ou l'exécution défectueuse de la convention qu'elle a passée avec le voiturier.

Il se forme, dit-on en outre, un véritable contrat entre le voyageur et le voiturier; donc, la responsabilité de ce dernier est contractuelle et si le voyageur est victime d'un accident, c'est en vertu du contrat passé et de l'obligation qui en résulte de transporter le voyageur sain et sauf à destination que le voiturier sera tenu de réparer le préjudice subi.

De ce principe une fois posé, les partisans de ce système font découler les conséquences que nous avons vues précédemment et dont les principales sont rela-

tives au fardeau de la preuve et à l'obligation de sécurité que le voiturier contracterait tacitement vis-à-vis
du voyageur. Pour eux, dans tous les cas et quel que
soit le genre d'accident survenu au voyageur, le voiturier est tenu d'en répondre comme d'un manquement
à ses engagements.

Sans doute, les articles 1784 du Code civil et 103 du
Code de commerce ne parlent que des marchandises,
mais leur silence pourtant explicite n'était pas fait pour
arrêter les partisans de la responsabilité contractuelle
qui y voient en quelque sorte un argument en faveur de
l'extension de ces textes aux voyageurs. Pourquoi supposer, disent-ils, que le législateur ait voulu traiter plus
favorablement les marchandises que les personnes, s'il
n'a pas cru devoir parler de ces dernières, c'est que,
dans sa pensée, la protection dont il entourait le transport des choses devait *a fortiori* profiter aux voyageurs.

Il est inadmissible, en outre, ajoutent les partisans
du système, que la situation du voiturier soit préférable
en cas d'accident à un voyageur, à celle dans laquelle
il se trouverait en cas d'avaries à des marchandises.

Il semble au contraire, à leur avis, que la présomption de faute devrait peser sur lui surtout et peut-être
même uniquement pour le transport des voyageurs ;
car les avaries à des marchandises ne constituent en
somme que des dégâts matériels, tandis que l'accident
survenu à un voyageur implique presque toujours l'idée
d'un délit.

C'est en se fondant sur les considérations qui précèdent que l'on est arrivé, par voie d'analogie, à étendre
au transport des voyageurs les dispositions légales
relatives aux marchandises.

Et, pour résister à l'argument *a contrario* que l'on pourrait tirer du texte de l'article 1784 du Code civil qui ne parle que du transport « des choses », les partisans de la responsabilité contractuelle s'empressent d'ajouter que le raisonnement par *a contrario* n'est admissible que lorsque, d'une disposition exceptionnelle, il ramène à l'application du droit commun. Or, suivant eux, l'article 1784 du Code civil, loin d'être une exception, ne serait que l'application ou plutôt la répétition des principes généraux de la preuve en matière d'obligations, principes posés par les articles 1147 et 1315 du Code civil[1].

Et, en partant de ce principe que l'article 1784 du Code civil n'est que la reproduction de l'article 1302 du Code civil relatif à la perte des corps certains, M. Sarrut[2] en arrive à confondre voyageurs et colis dans la même catégorie. « Si surprenante, dit-il, que soit, en fait, la prétention de classer les personnes parmi les corps certains, elle ne heurte pas cependant les notions juridiques, car il n'existe en théorie que des corps certains ou des quantités, et la personne qui se confie à un voiturier n'est point une quantité. »

Il est vrai de dire que tous les partisans de ce système n'invoquent pas, pour défendre leur opinion, cette nécessité de l'extension de l'article 1784 du Code civil, à raison de l'analogie, au transport des voyageurs. M. Lyon-Caen notamment[3] reconnaît que l'article 1784

---

[1] Sarrut, Note dans *Dalloz*, 1885, I, 433 : « Il est manifeste que les articles 1784 C. civ. et 103 C. com., loin de poser une règle exceptionnelle ne sont autre chose que l'extension de la théorie générale de la preuve à la matière spéciale du transport. »
Voir aussi : *Revue critique de législation*, 1885, p. 138.

[2] Sarrut, *Dalloz*, 1885, I, 433.

[3] Dissertation sous Cass. 10 novembre 1884, *S.*, 1885, I, 129.

n'a été fait que pour le transport des choses ; mais laissant de côté cette question de textes qu'il juge secondaire, il arrive au même résultat, c'est-à-dire à décider que le voiturier est tenu contractuellement par le seul jeu des principes généraux du droit : « Quand une per- « sonne allègue, dit-il, qu'un contrat n'a pas été exé- « cuté ou a été mal exécuté et qu'elle en a souffert un « préjudice, c'est au débiteur qui prétend ne devoir « aucune indemnité à prouver le cas fortuit ou la « force majeure. De nombreux articles du Code « proclament ou appliquent cette règle de preuve « (art. 1147-1302-1315). L'article 1784 n'en est que « l'une des applications les plus notables. Au contraire, « quand une faute délictuelle est alléguée, c'est à celui « qui prétend avoir été lésé à démontrer l'existence de « la faute. »

Quand une partie tenue en vertu d'un contrat, « dit « encore M. Lyon-Caen, prétend qu'un cas fortuit ou « une force majeure l'a empêchée de remplir ses enga- « gements, elle invoque un fait nouveau, elle oppose « une exception et alors en vertu de l'adage : « Reus « excipiendo fit actor », c'est à elle à faire la preuve « des faits d'où elle prétend tirer sa libération [1].

Ainsi présenté, le système de la responsabilité contractuelle paraît assez séduisant et aurait de grandes chances de rallier tous les suffrages s'il ne péchait pas par la base même et n'était vicié dès la naissance d'une tare indélébile. Il y a contrat, dit-on en effet, entre le voyageur et le voiturier : donc la responsabilité de ce dernier est forcément contractuelle. Mais c'est juste-

[1] Lyon-Caen, Note précitée.

ment ce qu'il faudrait démontrer. Il est évident que la convention qui se forme entre un voiturier et un voyageur pour le transport de la personne de ce dernier est un contrat ; il ne viendrait à l'esprit de personne, il nous semble, de chercher à prétendre le contraire.

Mais ce que l'on ne saisit pas aussi aisément, c'est la relation de cause à effet qui existerait entre le contrat et la nature contractuelle de la responsabilité d'après les partisans de ce système.

Pour ces derniers, ils se contentent de trancher, sans la résoudre, la question que nous étudions en posant comme un axiome le caractère contractuel de la responsabilité du voiturier résultant du seul fait de l'existence d'un contrat entre ce dernier et le voyageur. Et, de l'existence de ce contrat — qui ne fait d'ailleurs de doute pour personne une fois établie — il leur semble tout naturel de conclure que la responsabilité sera toujours contractuelle et que le voiturier, en cas d'accident, sera débiteur, en vertu de ce contrat, jusqu'à ce qu'il établisse une des causes de libération prévues par la loi. De là à prétendre que le voiturier est tenu d'une obligation de sécurité et qu'il répond de toutes les atteintes portées au voyageur, il n'y avait qu'un pas logique et obligatoire en quelque sorte, et que les partisans du système ont eu vite fait de franchir.

M. Sainctelette, en particulier, que l'on peut à juste titre considérer comme le chef de l'Ecole, n'est pas exempt de toute critique à cet égard. Dans son ouvrage intitulé « *De la Responsabilité et de la garantie* (Accidents de transports et de travail) ; il commence par poser comme un principe — en cela cependant il la raison — que le transport des personnes donne naissance à un véritable contrat. Et alors que nul ne songerait à le contredire sur ce point, il s'ingénie à vouloir le prouver : « Le sens commun nous dit, par le langage même, que le transport des personnes est un contrat et quel contrat. On loue une voiture comme on loue une loge. Il y a des loueurs de chevaux et de voitures comme il y a dans les églises et les promenades des loueuses de chaises [1]. »

Puis, après avoir établi que le transport des personnes est un contrat et que, par suite, la responsabilité du voiturier est contractuelle, M. Sainctelette prétend que la première conséquence qui en découle, c'est que le voiturier est tenu « de fournir la sécurité au voyageur » « Il doit, dit-il, le transporter sain et sauf et le rendre indemne de tout événement de transport [2]. »

Et c'est ici que le reproche que l'on peut faire au système de la responsabilité contractuelle trouve toute sa portée, car au lieu d'affirmer l'existence de cette obligation de sécurité, il faudrait justement la démontrer. M. Sainctelette prétend, il est vrai, faire cette démonstration par l'analyse du contrat de transport qui ne serait, en somme, qu'une convention par laquelle le voiturier s'engagerait à transporter une personne d'un lieu dans un autre. Or, d'après lui qui dit « transporter » dit rendre à destination dans l'état où on l'a reçu au départ ce qui a été l'objet du contrat. Donc, si le voyageur est blessé en cours de route, l'entrepreneur de transport a violé l'obligation qu'il avait prise tacite-

---

[1] Sainctelette, *De la Responsabilité et de la garantie*, ch. IV, Du transport des personnes.

[2] Sainctelette, *id.*, p. 100.

ment de le rendre à destination « indemne de tout événement de transport, de veiller à sa sécurité et c'est à lui qu'il appartiendra de démontrer, s'il le peut, que cette inexécution est le résultat d'une cause étrangère qui ne peut lui être imputée ». En l'absence de cette preuve la responsabilité de tous les accidents sans exception survenus au voyageur restera à sa charge, alors même qu'il s'agirait d'accidents qui seraient le résultat du fait d'un tiers[1]. Il est vrai de dire qu'à cet égard M. Sainctelette n'a pas été suivi dans cette voie même par ses partisans les plus convaincus.

Sans parler du point de départ faux de ce raisonnement, à savoir que la responsabilité est contractuelle puisqu'il y a contrat, il nous semble que la conséquence qu'on en tire en ce qui concerne l'obligation tacitement prise par le voiturier de veiller à la sécurité du voyageur est singulièrement audacieuse pour ne pas dire davantage. Où les partisans du système de la responsabilité contractuelle trouvent-ils donc le germe de cette obligation? Dans l'intention tacite des parties, disent-ils. Il y a là, à notre avis, une erreur manifeste et nous estimons que c'est exagérer l'objet du contrat de transport que de vouloir y faire entrer d'une façon aussi générale l'obligation de sécurité. Sans doute, le voiturier est tenu, en vertu de la loi elle-même, de prendre toutes les mesures de précaution qu'exigent la prudence et l'observation des règlements, pour assurer la sécurité des voyageurs, mais on ne saurait étendre plus loin ses obligations à cet égard.

---

[1] Sainctelette, *De la Responsabilité et de la garantie,* p 102.

Est-il possible d'admettre, en effet, qu'en contractant le voyageur a tacitement stipulé du voiturier l'absence de tout accident et que le voiturier a adhéré à cette stipulation? Non évidemment. Le voiturier a promis de transporter le voyageur à destination, mais il ne l'a pas assuré contre tous les accidents de la route, de telle sorte que ce dernier soit en droit d'invoquer la blessure reçue comme l'inexécution de l'une des clauses et conditions du contrat le dispensant de toute preuve et obligeant au contraire le transporteur à établir en sa faveur une cause de libération.

Il semble, à entendre les partisans de ce système, qu'en dehors de l'idée d'un contrat intervenant entre le voyageur et le voiturier il n'y ait pas de solution possible. Mais on peut, au contraire, dans le contrat de transport des personnes, écarter la présomption de faute sans nier pour cela l'existence d'un contrat[1]. Car, en somme, ce que le voiturier a promis, c'est de transporter le voyageur d'un point à un autre, dans un temps et pour un prix fixés à l'avance, mais rien de plus. Sans doute, la loi, comme nous l'avons vu, mais non pas le contrat, lui impose, comme d'ailleurs à tout individu, certaines obligations de prudence et de vigilance dans l'accomplissement de son service, et leur inobservation pourra constituer parfois une faute entraînant une responsabilité à sa charge. Mais ce qu'il convient de noter, c'est qu'il ne s'agit pas d'obligations contractuelles, mais de devoirs légaux ou moraux imposés à tous les individus d'une façon identique et que, dès lors, il appartiendra au voyageur de prouver que le

---

[1] *Dalloz*, Suppl., *Verbo* Responsabilité, n° 57.

voiturier a manqué à tout ou partie d'entre eux et que, par suite, il est en faute.

Indépendamment des arguments précédents tirés de l'analyse du contrat de transport, il est un autre reproche que l'on peut opposer, à notre avis, non moins victorieusement au système de la responsabilité contractuelle. C'est celui-ci : Les raisons qui ont déterminé le législateur à édicter pour les choses les articles 1784 du Code civil et 103 du Code de commerce ne se retrouvent plus en ce qui concerne les voyageurs. Pour les premières, la loi s'est faite pour ainsi dire l'interprète de la commune intention des parties : Elle a supposé que pour les marchandises, choses inertes, ou les animaux dont l'homme peut rester le maître par la séquestration, le voiturier accepterait d'être garant de leur arrivée en bon port, de devenir leur assureur et la supposition est, en somme, très raisonnable. Mais quand il s'agit de voyageurs, c'est-à-dire d'êtres libres et non simplement passifs, capables spontanément de commettre des imprudences, pourrait-on supposer chez le transporteur la même intention ? Evidemment non, et c'est ce qui explique le silence des textes de loi à l'égard des voyageurs.

Qu'on ne vienne pas davantage nous dire, comme le fait M. Lyon-Caen, qu'il n'est pas besoin de l'article 1784 du Code civil pour décider que le voiturier est tenu contractuellement des accidents survenus aux voyageurs et que les principes généraux des obligations aboutissent au même résultat. Car, nous l'avons vu, le raisonnement qu'on invoque pêche par la base : il se contente d'affirmer ce qui justement reste à démontrer, à savoir que le contrat de transport contienne l'obligation de sécurité et que la responsabilité du voiturier soit contractuelle, parce qu'il se forme entre ce dernier et le voyageur un contrat.

En réalité, l'article 1315 du Code civil ne dispense de prouver la faute du débiteur conventionnel que si l'on réclame l'objet promis par le contrat. Peut-on sérieusement soutenir que ce soit la sécurité de la personne du voyageur qui fasse le véritable objet de la stipulation ? Il nous parait difficile de l'admettre. L'objet du contrat de transport, ce sont les services du voiturier loués dans le but de transporter la personne d'un individu d'un point à un autre. Et comme, à moins de dénaturer l'intention respective des parties, il est inexact de dire que le transporteur a assuré le voyageur contre tous les accidents de la route, il en résulte logiquement que la blessure reçue ne constitue pas une inexécution de ce qui a fait l'objet du contrat, dispensant le voyageur de prouver la faute du voiturier.

2° INTÉRÊT QUE MÉRITE LE VOYAGEUR. — DIFFICULTÉS POUR LUI D'ADMINISTRER LA PREUVE DE LA FAUTE DU VOITURIER.

Les partisans du système de la responsabilité contractuelle ne manquent pas non plus d'invoquer à l'appui de leur thèse un autre argument — sentimental celui-ci — tiré de l'intérêt et de la faveur que mérite le voyageur. Si, disent-ils, on décide que le contrat n'a aucune influence sur le caractère de la responsabilité et que toutes les circonstances légales d'un accident doivent être régies par les articles 1382 et suivants du Code civil, on met en quelque sorte le voyageur dans l'impossibilité d'obtenir justice et on aboutit par contre

— résultat inadmissible — à améliorer la situation du voiturier.

Et M. Sainctelette, comme d'ailleurs M. Lyon-Caen, ne se fait pas faute de s'apitoyer sur le sort de ce malheureux voyageur blessé qui, perdu au milieu du dédale des enquête et contre-enquête de la procédure criminelle, se verra le plus souvent dans l'impossibilité d'établir la faute de l'entrepreneur de transports, alors que ce dernier, à l'aide des moyens de recherche dont il dispose pourrait facilement établir sa non-responsabilité. Et l'on crie à l'injustice, sous prétexte que la situation du voiturier sera préférable en cas d'accident à une personne, à celle dans laquelle il se trouvera en cas d'avaries à des marchandises ; certains même ne sont pas loin de dire que cette charge de la preuve imposée au voyageur constitue une prime d'impunité accordée au voiturier en cas d'accident.

Ces considérations, si justes soient-elles, ne sont pas, à notre avis, suffisantes pour faire triompher la thèse soutenue par les partisans de la responsabilité contractuelle.

D'abord, pourquoi préférer le voyageur à l'entrepreneur de transports ? Il nous semble qu'ils méritent l'un et l'autre le même intérêt et que les raisons qu'on invoque — en ce qui concerne la difficulté de faire la preuve — se retrouvent bien plus fortes du côté du voiturier. Il ne faut point oublier en outre que le voyageur, à la différence du colis, ne joue pas simplement en cours de route un rôle purement passif, mais qu'il peut, au contraire, étant donné la liberté d'action dont il jouit, commettre nombre d'imprudences dont le voiturier supporterait toujours ou presque toujours les conséquences, si le fardeau de la preuve devait rester à sa charge, sans parler bien entendu des suicides possibles de voyageurs dont il devrait encore répondre, sauf à lui à démontrer, si possible, que la volonté de la victime a été la seule cause de l'accident.

On peut ajouter en outre que la situation des voyageurs en cas d'accident n'est pas aussi désavantageuse que l'on cherche à le prétendre, car il ne faut pas exagérer outre mesure les inconvénients résultant du fardeau de la preuve. Bien rares sont en effet actuellement les cas où il y a doute complet sur les causes d'un accident et, avec les tendances de la jurisprudence la plus récente que nous signalerons plus loin, le problème de la preuve risque fort de n'être bientôt plus qu'une légende.

En résumé, l'argument de sentiment qu'on invoque en faveur du voyageur contre le transporteur ne constitue pas un appui bien solide du système que nous étudions; car, nous le répétons, on peut également l'invoquer dans le camp adverse, et surtout, parce qu'il faut se défier de ces excès de sentimentalité qui n'ont rien à faire avec les discussions juridiques.

Tel est le système de la responsabilité contractuelle du voiturier tel qu'il est présenté par ses partisans les plus autorisés [1].

[1] Voir également :

Sourdat, *Traité de la Responsabilité*, t. II, n° 1050.

Carpentier et Maury, *Traité des chemins de fer*.

Emion, *Manuel pratique ou Traité de l'exploitation des chemins de fer*, p. 141 et suiv.

Verne de Bachelard, *De la Responsabilité des chemins de fer en matière de transport*, p. 144 et suiv.

Bédarrides, *Transports par chemins de fer*, t. II, n° 439.

CHAPITRE III

SYSTÈME DE LA RESPONSABILITÉ DÉLICTUELLE

§ 1. Exposé du système. — Ses partisans.

Le système que nous venons d'examiner, s'il compte parmi ses partisans un grand nombre de jurisconsultes, en revanche, la jurisprudence a une tendance chaque jour croissante à l'abandonner. Pour celui que nous allons étudier maintenant, c'est justement l'inverse. Peu d'écrivains jusqu'à ce jour lui ont prêté l'appui de leur autorité et il ne doit la notoriété dont il jouit qu'à la consécration que lui donne la majorité des tribunaux.

Il peut se résumer en ces mots : En cas d'accident de transport, la responsabilité du voiturier est régie non point par l'article 1784 du Code civil, mais par les articles 1382 et suivants.

Les partisans de ce système se refusent, en effet, à trouver dans la convention intervenue entre le voyageur et l'entrepreneur de transports l'obligation de veiller à la sécurité de la personne.

Pour eux, le contrat de transport contient uniquement l'obligation prise par le voiturier de transporter le voyageur d'un point à un autre dans un temps déterminé et pour un prix fixé à l'avance. Sans doute, l'entrepreneur de transports doit prendre dans l'exécution de ce mandat toutes les mesures prescrites par ses règlements ou même par la prudence pour assurer la sécurité des voyageurs, mais cette obligation ne résulte pas de la convention intervenue comme le soutiennent les partisans de la responsabilité contractuelle. Elle découle des principes généraux du droit d'après lesquels chacun est responsable du dommage qu'il cause à autrui par sa négligence ou son imprudence. Et la conséquence pratique, c'est que, en cas d'accident, c'est à la victime qu'il appartient de prouver que le voiturier a manqué de prudence, qu'il n'a pas observé ses règlements, autrement dit qu'il est en faute, conformément aux articles 1382 et suivants du Code civil, alors que si l'on admet que l'obligation de sécurité est contenue dans le contrat de transport, c'est au voiturier qu'il appartiendra, pour se libérer, de démontrer que l'accident est le résultat d'un fait dont il n'est pas responsable, conformément aux principes généraux des obligations.

D'ailleurs la jurisprudence, même celle qui fonde l'action du voyageur contre le voiturier sur les articles 1784 et suivants du Code civil, a toujours admis que les entrepreneurs de transport doivent prendre toutes les précautions possibles pour assurer la sécurité des voyageurs, mais elle a soigneusement distingué ces devoirs légaux de prudence imposés à tous les individus par les principes généraux du droit de la prétendue obligation de veiller à la sécurité des personnes que certains tribunaux, comme le tribunal de Commerce de la Seine, prétendent faire découler du contrat de transport[1]. Il y a, en effet, entre ces deux choses une

---

[1] Bourges. 19 février 1872, *D. P.*, 1872, II, 76, qui décide

différence profonde ; car celui qui se prétend créancier d'une indemnité à raison d'un dommage qui lui a été causé en dehors de toute convention, qui invoque autrement dit un délit ou un quasi-délit doit d'abord le prouver ; toute autre est, au contraire, la situation d'une partie contractante qui base son action sur la violation des accords intervenus : l'existence seule de la convention et du dommage souffert suffisent en effet à établir son droit de créance et c'est à l'autre contractant, qui prétend ne rien devoir, à prouver, si possible, sa libération.

Ce sont ces principes qui ont été développés avec beaucoup de netteté par M. Féraud-Giraud qui s'est acquis une notoriété très légitime en matière de transports par la publication de son *Code des transports de marchandises et de voyageurs par chemin de fer*, et qui se déclare très nettement partisan du système que nous étudions : « Les principes, dit-il, de la res-« ponsabilité des Compagnies, à raison de tout fait « dommageable pour un tiers, conséquence de leur « faute ou de celles de leurs agents, résultent non « seulement des règles générales sur la responsabilité « insérées dans le Code civil, mais encore des disposi-« tions spéciales de l'article 22 de la loi du 15 juillet « 1845 [1]. »

que les Compagnies de transport sont responsables des accidents provenant de l'état défectueux du matériel. Il y a là une négligence coupable du voiturier.

Voir aussi : Paris, 27 novembre 1866, *D. P.*, 1876, V, 387.

[1] Féraud-Giraud, *Code des transports de marchandises et de voyageurs par chemins de fer*, t. III. f. 313 et suiv.

Voir aussi même auteur, n° 420, f. 348.

Ce sont les mêmes idées qui ont été soutenues par M. Picard dans son *Traité des chemins de fer*[1] et dans la plupart des ouvrages des partisans de ce système.

Mais comme les arguments sur lesquels se fondent les auteurs pour étayer leur opinion sont, à peu de chose près, les mêmes que ceux que la jurisprudence invoque et comme c'est cette dernière qui a créé et développé la théorie de la responsabilité délictuelle, nous bornerons là notre examen de la doctrine dont l'étude de la jurisprudence française constituera le complément indispensable[2].

§ 2. Arguments invoqués en faveur du système.

a) ARGUMENT TIRÉ DU TEXTE DES ARTICLES 1784 DU CODE CIVIL
ET 103 DU CODE DE COMMERCE.

Les considérations invoquées pour soutenir le système de la responsabilité délictuelle sont diamétralement opposées à celles que font valoir, à l'appui de leur doctrine, les partisans de la thèse contraire. Le silence du texte des articles 1784 du Code civil et 103 du Code de commerce, en ce qui concerne les personnes, est sans contredit, l'argument de résistance. Il est difficile, en effet, d'admettre, qu'en parlant uniquement « des choses » le législateur ait voulu tacitement appliquer

---

[1] Picard, *Traité des chemins de fer*, t. III, f. 485 et suiv.
[2] Voir également :
Féolde, *Transports par chemins de fer*, p. 313 et 314.
Guillouard, *Traité du contrat de louage*, t. II, p. 291-293.
Huet-Desaunay, Note dans *Revue pratique des chemins de fer*, p. 58.

aux voyageurs les mêmes dispositions. Pour les partisans de la responsabilité délictuelle, tous les textes relatifs au voiturier étant muets à l'égard des voyageurs, on doit en conclure par argument *a contrario* qu'ils ne s'appliquent pas à ces derniers et que toutes les dispositions qu'ils édictent ne visent que les marchandises. Il est difficile, en effet, de comprendre la généralisation que les partisans de la thèse contraire veulent faire, soit de l'article 1784 du Code civil, soit de l'article 103 du Code de commerce. Le texte même très limitatif et très précis de ces articles ne semble laisser aucune place pour une extension quelconque aux personnes des dispositions qu'ils édictent.

En outre, dit-on, ce sont des textes exceptionnels pour lesquels l'interprétation restrictive est par suite de rigueur. On ne peut donc, sans violer les principes les plus élémentaires du droit, étendre au transport des personnes la présomption de faute que le législateur a cru devoir faire peser sur le voiturier en ce qui concerne les marchandises. Nous avons vu que cette manière de voir ne ralliait pas les suffrages des disciples de M. Sainctelette pour lesquels les textes précités ne sont que l'application ou plutôt le rappel des règles générales de la preuve en matière d'obligations et, particulièrement, des règles relatives au contrat de dépôt.

La réponse à cette objection n'est pas, à notre avis, difficile à formuler, car il existe entre le transport des marchandises et celui des personnes une différence capitale qui suffirait à elle seule à justifier le système que nous exposons. Si, en effet, on peut dire — ce que d'ailleurs nous contestons — que le transport des marchandises a pour base le dépôt entre les mains du voiturier, de la chose qui fait l'objet du transport, on est obligé raisonnablement de convenir que cet élément fait totalement défaut lorsqu'il s'agit de voyageurs c'est-à-dire d'êtres intelligents, capables de se diriger et qui ne sauraient faire l'objet d'un dépôt quelconque. L'idée de dépôt et celle de personnes humaines jurent d'être associées ensemble. Si donc, l'on admet comme le fait M. Lyon-Caen, que l'article 1784 du Code civil n'est que l'application au transport des règles du dépôt, on est obligé, à notre avis, de conclure d'après ce qui précède, que ce texte exclut de ses dispositions les voyageurs.

Mais il y a plus encore et nous estimons que si cette substitution du dépôt au transport est ingénieuse, elle est pourtant inadmissible. Car le contrat de transport se suffit à lui-même, le dépôt n'est que son accessoire, et c'est prendre l'accessoire pour le principal que de vouloir faire prédominer le dépôt sur le transport. A la vérité, l'article 1782 du Code civil — qui décide que les voituriers par terre et par eau sont assujettis pour la garde et la conservation des choses qui leur sont confiées aux mêmes obligations que les aubergistes — semblerait à première vue condamner notre manière de voir et donner raison, au contraire, au système de la responsabilité contractuelle et à la théorie de M. Lyon-Caen, en particulier. Mais c'est, à notre avis, dénaturer le sens de ce texte que de prétendre y trouver la preuve que le contrat de transport procède du dépôt; en réalité, l'article 1782 du Code civil signifie seulement que les obligations du voiturier ont la même mesure et doivent être appréciées de la même façon que celles du dépositaire, mais il ne dit pas qu'elles procèdent du dépôt, ce qui est tout à fait différent.

Il y a, en outre, un je ne sais quoi de déshonorant et d'avilissant à vouloir ainsi ravaler la personne humaine au rang d'un simple colis et il est fort douteux que ce mépris de l'humanité ait traversé un seul instant la pensée des rédacteurs du Code. C'est ce que dit fort justement M. Féraud-Giraud[1] : « Que l'on « classe les voyageurs, comme l'ont fait dans une « appréciation beaucoup trop commerciale des chefs « de Compagnies de transport, dans une classe infé- « rieure aux colis où qu'on les place dans une classe « supérieure, les voyageurs ne sont pas des colis et ne « peuvent être traités comme tels dans l'application « des lois sur la responsabilité en matière de trans- « port. »

Indépendamment, en outre, de l'argument tiré des termes même de l'article 1784 du Code civil, il existe une autre considération non moins décisive qui milite en faveur de la nécessité de mettre à part le transport des personnes. Quelle est donc, en effet, la raison d'être de ce texte qui a soulevé tant de controverses et d'où vient la sollicitude spéciale dont le législateur y fait preuve ? Elle ne peut s'expliquer, comme nous l'avons vu précédemment, que pour les marchandises, c'est-à-dire pour ces choses inanimées incapables de se protéger elles-mêmes et dont la loi a cru devoir assurer la garde en exigeant du voiturier des soins particuliers et spéciaux. Appliquée à l'homme, c'est-à-dire à un

[1] Féraud-Giraud, *Code des transports de marchandises et de voyageurs par chemins de fer*, t. III, n° 420, f. 348.

être libre, capable de se mouvoir de lui-même et, par conséquent, de commettre des imprudences, cette sollicitude n'aurait plus de raison d'être et paraîtrait même ridicule. Car, s'il est certains accidents de transport, comme ceux qui sont le résultat d'un tamponnement ou d'un déraillement que le voyageur, malgré la liberté d'action dont il jouit, ne peut éviter, la plupart des autres, et ce sont les plus nombreux, sont le résultat de l'imprudence et de l'inattention des victimes.

b) ANALYSE DU CONTRAT DE TRANSPORT. — INTENTION TACITE DES PARTIES CONTRACTANTES.

Pour les défenseurs du système de la responsabilité contractuelle, l'obligation pour le voiturier de veiller à la sécurité du voyageur, si elle ne résultait pas des textes qui, d'après eux, l'édictent, découlerait forcément de la convention qui intervient entre l'entrepreneur de transport et le voyageur, c'est-à-dire de la commune intention des parties. Car, dit-on, il est inadmissible de soutenir qu'elles n'y aient pas songé, que le voyageur n'ait pas stipulé tacitement cette garantie et que le voiturier ne l'ait pas promise.

Nous estimons, au contraire, qu'il y a là une exagération ou plutôt une erreur et que l'analyse du contrat de transport et des obligations réciproques des parties constitue, au contraire, un argument nouveau en faveur du système de la responsabilité délictuelle. C'est, en effet, à notre avis, dénaturer complètement le contrat de transport que de prétendre qu'il renferme l'obligation de garantie.

En échange du prix qu'il reçoit, le voiturier ne promet pas au voyageur l'absence de tout accident; il s'engage seulement à le transporter au lieu convenu dans un temps déterminé. Peut-on dire, d'autre part. que le voyageur stipule tacitement cette garantie comme l'objet de la convention qu'il passe avec le voiturier, de telle sorte que tout accident puisse être considéré comme la violation des accords intervenus, le constituant créancier de l'entrepreneur de transport jusqu'à ce que ce dernier établisse légalement sa libération? Evidemment cette adjonction au contrat de transport d'une convention tacite d'assurance est inadmissible. Le voyageur ne stipule pas plus la garantie des accidents de route que dans le contrat de louage d'ouvrage l'ouvrier ne le fait de son patron et c'est par suite d'une fausse interprétation de la volonté commune des parties que l'on a pu soutenir le contraire.

En réalité, l'erreur du système de la responsabilité contractuelle provient de ce que ses partisans ont pris pour l'obligation de sécurité les devoirs légaux de prudence dont le voiturier est tenu comme tout individu par les articles 1382 et suivants du Code civil.

c) ANALOGIE PRÉTENDUE ENTRE LE CONTRAT DE TRANSPORT ET LE LOUAGE D'OUVRAGE

Il est un autre argument que l'on a fait valoir ces dernières années à l'appui du système de la responsabilité délictuelle et qui émane de la jurisprudence[1]. Il consiste à dire que le contrat de transport n'est en somme que le frère jumeau du contrat de louage de

---

[1] C., Rouen, 3 décembre 1898. S., 1899. II, 197.

services ; que, pour ce dernier, il n'est pas douteux qu'antérieurement à la loi du 9 avril 1898 qui a admis la théorie du risque professionnel, la responsabilité du patron était délictuelle et que, dès lors, la loi précitée étant sans application pour les voyageurs, on doit par assimilation appliquer aux relations de ces derniers avec le voiturier les principes qui régissaient avant 1898 les rapports du patron et de l'ouvrier.

On ajoute même que la loi du 9 avril 1898 fournit encore un argument *a contrario* très sérieux, puisque tout en comprenant l'industrie des transports dans son application, elle ne s'occupe que des agents du voiturier laissant de côté les voyageurs. C'est donc, dit-on, que pour ces derniers la responsabilité de l'entrepreneur de transports est par argument, *a contrario*, délictuelle.

Nous ne pensons pas que ce raisonnement soit très exact, car il pêche par la base même. L'analogie que l'on prétend, en effet, exister entre le contrat de transport et le louage de services est plus apparente que réelle, car l'objet de ces deux contracts est bien différent. Dans l'un, c'est le travail de l'ouvrier qui est l'objet ; dans l'autre, c'est plutôt le transport du corps même du voyageur. En outre, la loi du 9 avril 1898 elle-même semble condamner cette assimilation entre le contrat de transport et celui de louage d'ouvrage, puisqu'elle ne vise nullement les accidents de transport et que cette omission n'est certainement pas le résultat d'un oubli.

Quoi qu'il en soit de la valeur juridique de cet argument, il a au moins le mérite de la nouveauté et de l'originalité.

Il est enfin un autre argument que l'on peut faire valoir à l'appui de la théorie que nous défendons, c'est l'exemple de la Belgique dont le Code civil qui est la copie du nôtre était également muet sur la question qui nous occupe. Il a fallu la loi du 25 août 1891 pour imposer au voiturier la responsabilité de tous les accidents de transport. C'est donc qu'avant 1891 la responsabilité du voiturier était délictuelle, puisqu'il a fallu un texte législatif spécial pour en modifier le caractère. Il en résulte par suite qu'en France où les dispositions du Code civil sont toujours seules en vigueur, la responsabilité du voiturier doit être délictuelle.

§ 3. Avantages pratiques du système de la responsabilité délictuelle.

Indépendamment des considérations d'ordre juridique que nous venons d'examiner et qui militent à notre avis en faveur du système que nous exposons, la théorie de la responsabilité délictuelle du voiturier présente à différents points de vue des avantages pratiques considérables qui constituent pour nous la raison déterminante de son adoption.

Sans doute, dans ce système c'est au voyageur qu'incombe l'obligation de prouver la faute ou le fait du voiturier. Mais il ne faut pas d'abord exagérer outre mesure les difficultés résultant du fardeau de la preuve. Bien rares sont, en effet, actuellement les cas où il y a doute complet sur les causes d'un accident et, en outre, avec les tendances de la jurisprudence la plus récente que nous verrons plus loin, le problème de la preuve risque fort de n'être bientôt plus qu'une légende.

Quoi qu'il en soit, les prétendus inconvénients résultant de la nécessité de faire la preuve sont largement compensés pour le voyageur par la certitude qu'il a de recevoir la réparation intégrale du dommage souffert, sans possibilité, comme dans le système de la responsabilité contractuelle, d'une limitation quelconque conventionnelle ou légale.

Mais il y a plus et c'est ce qui constitue, à notre avis, l'argument décisif du choix que nous avons fait, c'est que le système de la responsabilité délictuelle résoud toutes les difficultés. Il permet en effet d'accorder la réparation du préjudice souffert à toutes les victimes d'accidents, qu'il s'agisse de voyageurs voyageant gratuitement, à prix réduits ou même sans billet, tandis que ces solutions ne seraient pas admissibles avec le système de la responsabilité contractuelle [1].

Enfin, si l'on admet avec M. Sainctelette que le fondement de la responsabilité se trouve dans la convention qui intervient entre le voyageur et le voiturier, l'article 1165 du Code civil conclut forcément à décider que seuls la victime et ses héritiers agissant en son nom pourront se dispenser de prouver la faute du voiturier, mais que toute autre personne devra au contraire justifier d'un manquement de l'entrepreneur de transports à ses obligations. Il est au moins bizarre, pour ne pas dire davantage, que la nature de l'action varie avec la qualité du demandeur.

---

[1] Voir notamment un jugement du Tribunal de commerce de la Seine qui admet cette manière de voir. Seine, 14 janvier 1891, *Gaz. Pal.*, 91, 177.

Tels sont les arguments d'ordre juridique et les avantages pratiques qui nous déterminent à conclure que la responsabilité du voiturier à raison des accidents de personnes est délictuelle.

———————

CHAPITRE IV

SYSTÈME INTERMÉDIAIRE
THÉORIE DE M. CHAVEGRIN

Indépendamment des deux systèmes entre lesquels la jurisprudence française s'est partagée et que nous venons d'examiner, la doctrine en a vu éclore bien d'autres qui ont cherché à déterminer le caractère exact de la responsabilité du voiturier en cas d'accidents survenus à des voyageurs.

Mais le plus curieux de tous est incontestablement celui qui a été proposé par M. Chavegrin [1], parce qu'il constitue une sorte de moyen terme entre le système de la responsabilité délictuelle et celui de la responsabilité contractuelle du voiturier. D'après lui, en effet, il est inexact de dire que la responsabilité de l'entrepreneur de transport est toujours délictuelle ou toujours contractuelle ; elle est tantôt l'un ou tantôt l'autre suivant les circonstances. C'est le genre de l'accident qui détermine la nature de la responsabilité.

M. Chavegrin distingue en effet deux catégories d'accidents auxquels le transport des personnes peut donner naissance. Les uns, dit-il, ont leur origine nécessaire dans le transport lui-même ; on ne leur concevrait pas une autre cause et notamment la faute du voyageur ne peut pas y apparaître. Dans cette catégorie, il faut ranger les accidents qui proviennent soit de

___

[1] Chavegrin, Note dans *Sirey*, 1896, II, 226.

déraillements, soit de tamponnements, d'explosions de machines ou d'avaries de matériel.... etc., en un mot, tous ceux où le voyageur n'a joué qu'un rôle passif et que malgré toute sa prudence, sa présence d'esprit, il était dans l'impossibilité absolue d'éviter. Pour ceux là la responsabilité du voiturier est toujours contractuelle. Les autres, au contraire se produisent, d'après M. Chavegrin, seulement à l'occasion du transport ; ils peuvent avoir d'autres causes qu'une faute du voiturier et laissent place notamment à l'imprudence où à la négligence du voyageur. De ce nombre seraient tous les accidents qui surviennent avant ou après le transport. C'est, par exemple un voyageur qui avant de monter en wagon ou à sa descente du train se tue ou se blesse. Ici il y a doute possible sur les causes de l'accident. Est-ce, en effet, le voyageur qui a manqué de prudence, en s'engageant témérairement sur les voies, sans s'assurer qu'elles étaient libres ou, au contraire, la surveillance du voiturier qui a été insuffisante et n'a pas permis à la victime de comprendre le danger qui pouvait la menacer ? Dans tous ces cas, la responsabilité du voiturier, dit M. Chavegrin, est délictuelle.

Cette distinction ne se trouve pas évidemment dans les textes qui ne parlent que des marchandises et qui prouvent seulement qu'il y a une différence entre la responsabilité du voiturier pour ces dernières et pour le transport des personnes, mais elle découle des motifs mêmes qui ont inspiré cette différence. Nous avons vu, en effet, que la raison d'être de la présomption de faute édictée par le législateur dans l'article 1784 du Code civil, de la protection spéciale dont il entoure le transport des marchandises, se trouve dans la nature

même de ces dernières, choses inertes, incapables
d'une initiative quelconque et pour lesquelles on comprend que les parties aient tacitement stipulé et
accepté l'obligation de les rendre au destinataire en
bon état. Elles jouent un rôle entièrement passif durant
tout le transport et ne peuvent se détériorer d'elles-
mêmes. Et la meilleure preuve que tel est bien le motif de l'article 1784, c'est que lorsqu'il s'agit de choses
susceptibles de se détériorer d'elles-mêmes (marchandises sujettes à prompte détérioration ou mal emballées)
la responsabilité du voiturier — la question de preuve
étant toutefois réservée — perd son caractère exclusivement contractuelle et c'est, dans ce cas, au destinataire qu'il appartient de prouver la faute ou le fait du
voiturier. Il y a donc bien dans l'esprit de la loi une
relation de cause à effet entre le rôle que l'objet du
transport est appelé à jouer et le caractère de la responsabilité du voiturier.

« Or, dit M. Chavegrin, le rôle joué par les voya-
« geurs, malgré le libre arbitre dont l'homme jouit est
« tantôt passif, tantôt actif; par suite, la responsabilité
« du voiturier à leur égard doit être tantôt contractuelle,
« tantôt délictuelle. Il est certain que pour les accidents
« qui sont le résultat, par exemple, d'un déraillement,
« d'une collision, qui ont, autrement dit, leurs origines
« dans le transport seul, le rôle joué par les voyageurs
« est analogue à celui des marchandises, c'est-à-dire
« entièrement passif : il faudra donc leur appliquer les
« mêmes règles, c'est-à-dire la responsabilité contrac-
« tuelle. »

Il n'est pas inadmissible, en effet, de prétendre que,
dans ce cas-là, la sûreté de la personne a été promise

par le contrat et que la garantie des accidents doit en découler. Il est bien entendu que cette responsabilité contractuelle ne peut être invoquée que par le voyageur qui a traité avec l'entrepreneur de transports et ne saurait profiter, par suite, à un individu voyageant sans billet ou qui aurait dépassé son lieu de destination.

Mais, pour l'autre catégorie d'accidents, ceux, par exemple, qui se produisent avant l'entrée du voyageur en voiture ou après sa sortie (voyageur tué en traversant les voies, chute en montant ou en descendant de wagon), la faute du voyageur est susceptible d'apparaître aussi bien que celle du voiturier. La responsabilité de ce dernier ne peut donc pas dériver du contrat, et il paraît difficile de prétendre que l'entrepreneur de transport ait entendu assurer le voyageur contre son propre fait. Ce seront donc les articles 1382 et suivants du Code civil qui régiront les rapports des parties.

Tel est le système qui a été proposé par M. Chavegrin pour essayer d'expliquer les contradictions de la jurisprudence française. Mais, malgré son ingéniosité, nous ne pensons pas qu'il en soit l'explication bien exacte. Car, si les décisions les plus récentes des tribunaux que nous examinerons plus loin[1] semblent lui donner raison, il faut avouer, toutefois, par contre, que beaucoup d'autres, notamment celles du Tribunal de Commerce de la Seine sont inspirées par des considérations toutes différentes et qu'elles n'admettent pas, dans tous les cas, comme M. Chavegrin, que le genre

---

[1] Riom, 27 janvier 1895, S., 1900, II, 60.

Rouen, 3 décembre 1898, S., 1899, II, 197 et S., 1900, II, 57.

de l'accident survenu au voyageur puisse servir de
critérium pour déterminer le caractère de la responsabilité du voiturier.

D'autres thèses encore ont été soutenues sur le fondement de la responsabilité du voiturier par M. Grandmoulin, notamment[1], qui prétend qu'il n'y aurait
qu'une seule espèce de responsabilité toujours uniquement délictuelle, alors même qu'elle résulterait de
l'inexécution d'obligations contractuelles ou par
M. Exner[2], qui distingue entre les accidents, suivant
qu'ils résultent d'un cas fortuit ou de la force majeure,
le voiturier n'étant, d'après lui, tenu de répondre que
des premiers.

Mais comme ces systèmes sont restés dans le domaine
de la doctrine et n'ont pas eu d'échos dans la pratique,
nous nous bornerons à les signaler, car leur examen
approfondi et surtout leur réfutation, risqueraient de
nous entraîner hors du sujet de cette étude.

[1] Grandmoulin, *De l'Unité de la Responsabilité*.
Voir aussi : Robin, *De la Responsabilité notamment au point
de vue de la clause de non-garantie et du fardeau de la preuve*.
[2] Exner, *Théorie de la Responsabilité dans le contrat de
transport*.

CHAPITRE V

ÉTUDE DE LA JURISPRUDENCE FRANÇAISE

Les deux systèmes de la responsabilité contractuelle et de la responsabilité délictuelle que nous avons examinés précédemment ne sont pas seulement restés des questions d'école et de discussion pure ; la jurisprudence française leur a donné à l'un et à l'autre la consécration officielle de la pratique. Mais, c'est au premier des deux que revient, sans contestation, le droit d'ancienneté. Ce n'est, en effet, qu'à partir de 1881 que la jurisprudence française, rompant avec ses anciennes traditions, d'après lesquelles l'article 1784 du Code civil régissait le transport des personnes aussi bien que celui des choses, décida, timidement d'abord, que la responsabilité du voiturier était délictuelle.

Il est vrai de dire que l'apparition de cette nouvelle jurisprudence, dont la Cour de cassation ne s'est, d'ailleurs, pas départie depuis lors, n'a pas eu pour résultat, comme on pourrait le croire, de faire disparaître totalement des annales des tribunaux le système de la responsabilité contractuelle. Ce dernier compte, en effet, à l'heure actuelle, parmi les différents degrés de la juridiction française des partisans très convaincus et très fidèles. Certains tribunaux, notamment le Tribunal de Commerce de la Seine, semblent apporter dans le maintien et l'uniformité de leurs décisions en la matière une sorte de coquetterie ou plutôt d'entêtement inexplicable à l'égard du système nouveau consacré par la Cour suprême.

a) JURISPRUDENCE DU TRIBUNAL DE COMMERCE DE LA SEINE

Il suffit de lire un seul des jugements du Tribunal de commerce de la Seine relatif aux accidents de transport pour les connaître tous ; ce sont les mêmes motifs, les mêmes expressions et l'on sent à leur lecture qu'ils sont en quelque sorte calqués les uns sur les autres[1]. On n'y discute plus, en effet, la question de savoir si l'article 1784 régit seulement le transport des choses ou si la protection qu'il édicte pour ces dernières profite également aux personnes. D'après le Tribunal de commerce de la Seine, le voiturier est responsable de plein droit de tous les accidents survenus aux voyageurs, sauf à lui à prouver qu'ils sont le résultat d'un cas fortuit, de la force majeure ou de l'imprudence seule de la victime. Ces idées constituent, en effet, des lieux communs pour les juges consulaires de la Seine qui les posent en tête de toutes leurs décisions comme de véritables axiomes sans, d'ailleurs, essayer de les justifier : « Attendu, dit notamment un jugement du 7 mars 1888 qui est, d'ailleurs, conforme à tous les autres, qu'en sa qualité de transporteur la Compagnie l'Urbaine est responsable vis-à-vis des tiers qu'elle transporte des accidents pouvant survenir en cours de route ;

[1] Tribunal commerce Seine, 13 avril 1885 (Affaire Goudchaux contre Compagnie des Petites Voitures), *D. P.*, 1885, 1, 433. Voir note de M. Sarrut.

Voir aussi : Tribunal commerce Seine. 7 mars 1888, *Gaz. Pal.*, 1888, 1re partie, f. 488.

que par application des articles 103 et 107 du Code de commerce il convient de mettre à la charge de la défenderesse les conséquences de celui survenu au demandeur[1]... »

Mais il y a plus : pour le Tribunal de commerce de la Seine, par le seul fait qu'un voyageur prend place dans une voiture, un omnibus ou un chemin de fer, le voiturier répond de sa sûreté, non seulement pour les accidents qui sont le résultat de la faute de ses préposés — ce qui est encore admissible — mais même à raison de ceux dont des tiers pourraient être les auteurs. La victime de l'accident, d'après lui, a une action en responsabilité solidaire tant contre le transporteur que contre l'auteur de l'accident. Mais elle peut, si elle le préfère, ne s'adresser qu'au voiturier qui devra alors, d'après le Tribunal de commerce de la Seine, réparer seul personnellement les conséquences de l'accident, sauf, bien entendu, son recours contre le véritable auteur du dommage[2].

Sans doute, pratiquement, le résultat sera le même

---

[1] Tribunal commerce Seine, 7 mars 1888, précité.

[2] Voir aussi dans ce sens, Tribunal commerce Seine, 8 août 1891, *Gaz. Pal.*, 1891, 2ᵉ partie, p. 317, qui décide que le voiturier est responsable de l'accident dont un voyageur est victime « alors même que ledit accident ne serait pas imputable à la faute du cocher, du voiturier, si d'ailleurs le cas fortuit ou la force majeure ne sont pas démontrés ». Attendu, dit ce jugement, qu'aux termes des articles 1784 C. civ. et 103 C. com., les voituriers sont responsables des avaries des choses dont le transport leur est confié, à moins qu'ils ne prouvent que ces avaries ont eu lieu par cas fortuit ou force majeure ; que ce principe s'applique à plus forte raison au transport des personnes dont la sécurité, en cours de voyage, doit être l'objet d'une sollicitude particulière... »

que le voyageur actionne le voiturier ou l'auteur de l'accident puisque, en fin de compte ce sera toujours la personne responsable du dommage qui devra en supporter les conséquences. Mais le système du Tribunal de commerce de la Seine a cependant un intérêt capital, ainsi que nous l'avons déjà vu, dans le cas où le tiers, auteur de l'accident, est insolvable ; car le voyageur sera toujours indemnisé, alors que d'après celui de la Cour de Cassation que nous examinerons plus loin, qui n'accorde d'action que contre l'auteur du préjudice, il supportera forcément les conséquences de l'insolvabilité de ce dernier[1].

Certains auteurs, notamment M. Zens[2], ont cherché à expliquer cette jurisprudence du Tribunal de commerce de la Seine ou plus exactement à découvrir les raisons de son obstination.

D'après cet auteur, ce serait dans la tension des rapports existant entre les autorités parisiennes dont le Tribunal de commerce réflète l'esprit et les grandes Compagnies de transport, qu'il faudrait en chercher la cause. S'il en était ainsi — ce que, d'ailleurs, nous ne contestons pas — les décisions du Tribunal de la Seine apparaîtraient en quelque sorte comme des moyens d'intimidation dans le but de faire pression sur les principales Compagnies de transport parisiennes pour les amener à des concessions en faveur du public.

---

[1] Voir dans le sens du jugement précité, Tribunal commerce Seine, 3 octobre 1891, *le Droit*, 23 octobre 1891.

21 juin 1893, *le Droit*, 19 juillet 1893.

29 novembre 1894, *le Droit*, 12 décembre 1894.

[2] Zens, *De la Responsabilité du voiturier à raison des accidents de personnes*, p. 61 et suivantes.

Sans vouloir méconnaître l'exactitude de ces expli-
cations, nous estimons que l'uniformité de cette jurisprudence a peut-être bien également pour cause le
désir secret des juges consulaires de simplifier leur
tâche, assurément déjà très lourde par suite de la
multiplicité des accidents et des litiges. Exiger, en
effet, du voyageur la preuve de la faute du voiturier,
c'est l'obliger forcément à recourir à des enquêtes longues et fastidieuses que le système de la responsabilité
contractuelle adopté par le Tribunal de commerce de
la Seine supprime presque totalement. Car les cas où
le voiturier pourra repousser la demande du voyageur,
en démontrant que l'accident est le résultat d'un cas
fortuit ou de la force majeure et demandera par suite à
en faire la preuve par voie d'enquête, seront assez
rares.

Le système adopté par le Tribunal de commerce de
la Seine aboutit donc à une simplification des litiges et,
comme conséquence, à une diminution notable de
travail pour les juges chargés de les trancher. Et c'est
peut-être bien l'explication véritable de la raison d'être
de cette jurisprudence.

Quoi qu'il en soit, les juges consulaires de la Seine,
sans souci des critiques soulevées par leurs décisions et
sans tenir compte non plus des avertissements fré-
quents que leur donne soit une fraction importante de
la Cour de Paris, soit même la Cour suprême en infir-
mant leurs décisions, continuent à s'isoler systémati-
quement de la majorité des tribunaux français.

Il est vrai de dire qu'ils peuvent invoquer en leur
faveur l'autorité d'un certain nombre de décisions de
Cours d'appel qui, même ces dernières années et en

tous cas postérieurement à 1884, ont admis l'application au transport des voyageurs de l'article 1784 du Code civil.

Il existe même, à cet égard, parmi les différentes Chambres de la Cour de Paris, des contradictions inexplicables. Alors, en effet, que certaines d'entre elles jugent avec la Cour de cassation que le voyageur victime d'un accident doit établir la faute du voiturier dans les termes des articles 1382 et suivants du Code civil, certaines autres, au contraire, s'obstinent à vouloir assimiler, au point de vue des obligations du voiturier, le voyageur à un colis. C'est ainsi qu'à quelques jours d'intervalle la septième Chambre de la Cour de Paris admettait la théorie de la responsabilité contractuelle du voiturier, alors au contraire que la quatrième Chambre s'inclinait devant le système de la Cour de cassation[1]. Mais, il faut bien le dire, les quelques tribunaux qui admettent encore l'application de l'article 1784 du Code civil pour le transport des voyageurs n'observent pas, en ce qui concerne leur jurisprudence, la même constance que le Tribunal de commerce de la Seine. Leurs décisions, sans que l'on sache d'ailleurs pourquoi, se succèdent partagées tour à tour entre l'application de l'article 1784 du Code civil et celle de l'article 1382.

Indépendamment, en effet, de la Cour de Paris, certains autres tribunaux sont encore, à l'heure actuelle, le foyer de la résistance opposée au système de la Cour suprême, la Cour d'appel d'Aix notamment, qui décide

---

[1] Paris, 23 juillet 1894 et 27 juillet 1894, *D. P.*, 1895, I, 63.

d'une façon constante que le voiturier est tenu de l'obligation de sécurité à l'égard du voyageur [1].

[1] Aix, 7 juillet 1887, S., 1887, II, 230.
Aix, 12 décembre 1887, S., 1888, II, 138 : « Attendu, dit ce « dernier arrêt, que le contrat de transport est commutatif; qu'en « échange du prix payé ou à payer, le voiturier assure l'obliga- « tion de rendre à destination la personne avec laquelle il traite « ou la chose qu'elle lui confie, en rendant le service objet du « louage, c'est-à-dire en accomplissant le transport dans les « conditions explicitement ou implicitement stipulées et avec « tous les soins possibles; que, par conséquent, si la personne ou « la chose n'arrive pas dans le temps voulu au lieu et au point « où se trouve exactement la destination et sans dommage, la « responsabilité du voiturier, le cas fortuit ou la force majeure « exceptés, est engagée.

« Attendu que si l'article 1784 C. civ. formule l'application « de ce principe au transport des choses, on ne saurait induire « de son silence, quant aux personnes, que cette application doit « être écartée; loin de là, le silence du législateur s'explique « par cela même qu'un texte spécial n'a point paru et n'était en « effet point nécessaire. »

V. aussi : Tr. de Paix de Paris (1er arrond.), 12 juillet 1889, S., 1889, II, 176.

Voir également : Paris, 27 juillet 1892, S., 1893, II, 93.

Paris, 21 février 1894, le Droit, 16 mars 1894.

Paris, 9 mars 1894, le Droit, 30 mai 1894.

Voir aussi : Paris, 27 novembre 1866 cité par M. Sarrut dans sa note sur l'arrêt de la Cour de Cassation du 10 nov. 1884 (D. P., 1885, 1, 433).

« Considérant, dit la Cour de Paris, que le voiturier répond « de l'avarie des choses à lui confiées, à moins qu'il ne prouve « qu'elles ont été avariées par cas fortuit ou force majeure ;

« Considérant que ce principe s'applique à plus forte raison « au transport des personnes et protège la sécurité des voya- « geurs; qu'ainsi, dans l'espèce, le voyageur blessé n'est pas tenu « de prouver la faute de la Compagnie de chemin de fer, que « c'est au contraire à la Compagnie qu'incombe l'obligation de « prouver les faits qui la déchargent de sa responsabilité... »

N.-B. — Si nous avons relaté cette décision, qui est antérieure

Quoi qu'il en soit, en dépit de l'opposition de quelques tribunaux, le système de la responsabilité délictuelle, malgré son jeune âge, a pris et prend chaque jour encore une avance considérable sur son aîné, le système de la responsabilité contractuelle, et l'on peut prévoir un avenir prochain où les tribunaux dissidents dont nous venons de parler — à l'exception toutefois du Tribunal de commerce de la Seine, dont la résistance semble quant à présent irréductible, — auront fait leur soumission complète à la jurisprudence innovée le 10 novembre 1884 par la Cour de cassation.

b) JURISPRUDENCE DE LA COUR DE CASSATION ET DE LA MAJORITÉ DES TRIBUNAUX FRANÇAIS

Ses origines. — Arrêt du 10 novembre 1884.

Les origines jurisprudentielles du système de la responsabilité délictuelle ne sont pas, comme nous l'avons vu, très anciennes; l'acte de naissance qui lui a été délivré par la Cour d'Amiens ne remonte en effet qu'au 28 décembre 1881 [1]. Mais cette date peut être considérée à juste titre comme une époque

à l'apparition de la jurisprudence nouvelle de la Cour de cassation, c'est qu'elle contient en elle-même un exposé très complet et très net du système de la responsabilité contractuelle.

Voir aussi un jugement du Tribunal des Conflits du 17 janvier 1874, *D. P.*, 1875, III, 2, qui présente cette particularité que, d'après lui, l'action en responsabilité d'un passager contre une Compagnie de navigation serait fondée à la fois sur les obligations qui découlent du contrat intervenu et sur les articles 1382 et 1384 du Code civil.

[1] C., Amiens, 28 décembre 1881, *S.*, 1885, I, 130.

dans les annales des décisions judiciaires relatives à notre sujet; car c'est dans cet arrêt que pour la première fois se trouve nettement formulée la distinction entre le transport des personnes et celui des marchandises.

C'est sur appel d'un jugement du tribunal de Clermont (Oise), en date du 3 juin 1880 que cette décision est intervenue. Une dame veuve Reculet avait assigné la Compagnie des Chemins de fer du Nord en paiement d'une indemnité de 100.000 francs pour le préjudice que lui causait la mort de son mari tué accidentellement à la station de Gannes par un train venant en sens inverse au moment où il traversait la voie pour sortir de la gare. Le Tribunal de Clermont avait peut-être bien implicitement admis dans son jugement que les conséquences de l'accident devaient être réglées par les articles 1382 et suivants du Code civil, en décidant que la dame Reculet n'établissait pas que la Compagnie du Nord ait, par son imprudence et ses agissements blamables causé l'accident dont elle demandait la réparation » et en rejetant, par suite, les conclusions de la demanderesse; mais c'est pourtant à la Cour d'Amiens que revient l'honneur d'avoir affirmé la première la non-application de l'article 1784 du Code civil au transport des personnes :

« Considérant, dit en effet l'arrêt du 28 décem-
« bre 1881, que l'article 1784 du Code civil qui rend
« le voiturier responsable de la perte et des avaries des
« choses qui lui sont confiées, à moins qu'il ne prouve
« qu'elles ont été perdues ou avariées par cas fortuit
« ou force majeure, n'est pas applicable au transport
« des voyageurs qui reste placé sous l'empire du droit

« commun et doit être réglé par l'application des
« articles 1382 et suivants du même Code [1]. »

Ainsi donc le principe de l'application de l'art. 1382
du Code civil au transport des personnes, contre lequel
se sont tant élevés les partisans de la responsabilité
contractuelle, et M. Sainctelette [2] en particulier, qui
prétend que l'arrêt de la Cour d'Amiens équivaut à la
négation complète de l'existence d'un contrat entre le
voyageur et le voiturier, était officiellement admis par
la jurisprudence à partir de 1881. Il ne lui manquait
que la consécration officielle de la Cour suprême pour
lui donner droit de vie.

C'est encore la demande de Mme Vve Reculet qui,
sur pourvoi formé contre l'arrêt d'Amiens, a fourni à
la Cour de cassation, le 10 novembre 1884, l'occasion
de donner au système nouveau son adhésion en même
temps que l'appui de son autorité [3]. Mais la Cour ne
s'est pas contentée de rejeter le pourvoi qui lui était
soumis en adoptant les motifs des juges précédents,
c'est-à-dire en affirmant simplement, comme l'avait fait
la Cour d'Amiens, la non-application de l'article 1784
du Code civil au transport des personnes ; elle a voulu
justifier sa décision, et les considérants qu'elle a
invoqués donnent à son arrêt une importance telle
qu'il n'est pas inutile à notre avis de le rapporter
in-extenso :

« Attendu, dit-elle, qu'en déclarant dans l'art. 1784
« les voituriers responsables de la perte et des avaries

---

[1] Amiens, précité, *S.*, 1885, I, 130.
[2] Sainctelette, *op. cit.*, p. 90.
[3] Cass., 10 novembre 1884, *D. P.*, 1885, I, 433.

« des choses qui leur sont confiées, à moins qu'ils ne
« prouvent qu'elles ont été perdues ou avariées par
« cas fortuit ou force majeure, le législateur a claire-
« ment indiqué, par les expressions même dont il
« s'est servi, qu'il ne s'occupait que du transport des
« choses et marchandises et non du transport des per-
« sonnes ;

« Attendu que la règle édictée par cet article 1784
« n'est que l'application au dépôt nécessaire de la chose
« transportée entre les mains du voiturier du principe
« général posé dans les articles 1302 et 1315 du même
« Code sur la preuve de la libération, principe d'après
« lequel le voiturier doit comme tout autre dépositaire
« d'un corps certain le rendre en bon état à celui qui
« le lui a remis ou bien justifier de l'extinction de son
« obligation par paiement ou par cas fortuit ou force
« majeure ;

« Attendu que ce principe ne saurait être appliqué
« au transport des personnes par rapport auxquelles
« les règles de la responsabilité civile sont exclusive-
« ment fixées par les articles 1382 et suivants du Code
« civil ;

« Attendu que dans la cause il s'agissait d'une action
« en responsabilité contre la Compagnie du Nord à
« raison d'un accident arrivé à un voyageur en cours
« de route sur les voies ferrées exploitées par cette
« Compagnie ;

« D'où il suit qu'en refusant de faire l'application à
« l'espèce de la réglementation posée par l'article 1784
« l'arrêt attaqué, bien loin de violer ledit article, l'a
« sainement interprété ;

« Rejette. »

Après cet arrêt, le système de la responsabilité délictuelle était définitivement lancé dans la jurisprudence, et l'on peut dire qu'il y a fait rapidement fortune. Tour à tour, en effet, la plupart des tribunaux des différents degrés de juridiction l'ont proclamé non pas une fois seulement, mais d'une façon constante. La Cour de Paris notamment, — au moins le plus grand nombre des chambres qui la composent, car il existe entre elles à cet égard des divergences, — a donné au système nouveau son adhésion [1], et l'on peut dire qu'il recueille chaque jour un plus grand nombre de suffrages [2].

[1] Paris, 3o avril 1892, *D. P.*, 1893, II, 125 ; 21 février 1894, *D. P.*, 1894, II, 214 ; 4 avril 1894, *D. P.*, 1894, II, 288 ; 31 janvier 1895, *S.*, 1896, II, 225.

[2] Voir dans ce sens : Tr. civil, Bordeaux, 16 décembre 1885. *Mon.* Lyon, 15 mai 1886.

Tr. de Paix de Pont-à-Mousson, 14 septembre 1885, *Moniteur des Juges de Paix*, 1886, 6-9.

Tr. civil de Marseille, 13 juillet 1888, *Revue de droit maritime*, 166-188, qui est particulièrement intéressant, parce qu'il fait l'application des articles 1382 et s. du C. civ. à l'action intentée par des passagers à une Compagnie de navigation à raison des blessures reçues par ces derniers au cours d'un abordage.

Voir également : Grenoble, 16 mars 1897, *D. P.*, 1899, I, 558.

Aix, 4 février 1891, *Gaz. Pal.*, 1891, *Suppl.*, 5o, confirmatif d'un jugement du Tribunal de Marseille, du 18 mars 1890, qui implique au moins tacitement la nécessité pour le voyageur de faire la preuve d'une faute, d'une négligence ou d'une omission des agents du voiturier.

Voir dans le même sens un jugement récent du Tribunal civil de la Seine qui se déclare nettement partisan du système que nous étudions.

Tr. civil. Seine, 3o janvier 1901, journal *la Loi*, 5 mars 1901 : « Attendu, dit cette décision, que l'action de Buey contre la

Tendances actuelles de la jurisprudence.

Mais à mesure que s'accentue cette unification et que
les Tribunaux dissidents font peu à peu leur soumission
au système actuel de la Cour de cassation, il semble, à
notre avis, qu'il se dessine dans la jurisprudence une
évolution curieuse qui aboutit en fin de compte à une
sorte de combinaison ou plutôt de fusion des deux sys-
têmes que nous avons précédemment exposés. C'est ainsi
que dans trois arrêts de date récente, les Cours d'appel
de Riom et de Rouen [1], tout en décidant que la responsabilité du voiturier est délictuelle, admettent cependant par une véritable inconséquence à l'encontre de

« Compagnie des chemins de fer de l'Ouest ne saurait naître
« des prescriptions de l'article 1784 C. civ., la Compagnie ne
« pouvant être responsable au regard des voyageurs qu'elle
« transporte que dans les termes des articles 1382 et s. du C.
« civ.; que dans ces conditions, il appartient à Buey d'établir la
« faute de la Compagnie. »
Dans le même sens : Tr. civil de la Seine, 6 mars 1901 ; *la
Loi*, 20 avril 1901.
Poitiers, 6 février 1888. *Gaz. Pal.*, 88, 1, 345 ; « Attendu qu'il
« est de doctrine et de jurisprudence que c'est à celui qui allègue
« une faute qui lui est préjudiciable à rapporter la preuve de
« cette faute, conformément aux dispositions des articles 1382,
« 1383 et 1384 C. civ.; que si cette règle souffre exception lors-
« qu'il s'agit de choses confiées aux voituriers et si, dans ce cas,
« l'article 1784 les rend responsables de la perte et des avaries,
« à moins qu'il ne prouvent le cas fortuit ou la force majeure,
« ces dispositions ne sont pas applicables au transport des per-
« sonnes qui restent placées sous l'empire du droit commun. »
[1] Riom, 27 janvier 1895, *S.*, 1900, II, 60.
Rouen, 3 décembre 1898, *S.*, 1899, II, 197 : *S.*, 1900, II, 57
et la note de M. Esmein.

ce dernier, sinon la présomption de faute absolue de
l'article 1784 Code civil, au moins une sorte de présomption de fait résultant des circonstances particulières de l'accident. C'est dans ces conditions que la
Cour de Riom, tout en proclamant le système jurispru-
dentiel, a pu décider que les héritiers d'un individu victime d'un accident de chemin de fer, agissant en leur
nom personnel, n'avaient pas à prouver la faute de l'entrepreneur de transports. Les décisions de cette nature
sont juridiquement difficiles à comprendre sans le système de la responsabilité contractuelle ; elles s'expliquent pourtant en fait. Dans l'espèce soumise à la Cour
de Riom le 27 janvier 1895, il s'agissait, en effet, d'un
voyageur qui s'était tué en tombant sur la voie pendant
la marche du train. La Cour, tout en déclarant que les
conséquences de l'accident survenu au voyageur en
cours de transport devaient être régies par les articles 1382 et suivants du Code civil, a cru pouvoir,
néanmoins, dispenser les héritiers de la victime de faire
la preuve de la faute de la Compagnie. Elle a suppléé
cette preuve, étant donné les circonstances de fait de
l'accident (il était démontré que la portière s'était brusquement ouverte sans l'intervention de la victime qui
avait les deux bras appuyés sur l'encadrement du
vasistas), par une présomption de faute contre le voiturier imposée en quelque sorte par les faits eux-
mêmes et le bon sens[1]. Mais c'est en se fondant sur

---

[1] « Considérant, en droit, dit cet arrêt, que la responsabilité
« contractuelle de la Compagnie, comme entrepreneur de trans-
« port, ne peut être engagée par l'accident qui, le 15 août 1894,
« a entraîné la mort du sieur Gauthier ; qu'une faute établie à
« la charge de la Compagnie ou de ses agents pourrait seule

l'article 1353 du Code civil qui autorise les juges à déterminer leur conviction sur des présomptions graves, précises et concordantes et dont l'admission est abandonnée à leur prudence, que la Cour de Riom a pu accueillir la demande des héritiers de la victime sans que ceux-ci rapportassent la preuve d'une faute du voiturier. Elle a jugé, en effet, que les circonstances de fait de l'accident démontraient par elles seules cette faute ou tout au moins la laissaient suffisamment présumer.

C'est la même solution qui a été consacrée par la Cour de Rouen dans les deux arrêts que nous avons rapportés plus haut. Dans le cas, par exemple, d'un accident résultant d'un déraillement, cette dernière

« l'obliger, sans qu'elle ait à prouver le cas fortuit ou la force
« majeure ;

« Mais considérant qu'un accident de chemin de fer peut être
« dû à des causes multiples et complexes qui souvent échappent
« au public ignorant des détails du service ; que dès lors on ne
« saurait toujours exiger du voyageur ou de ses représentants
« la preuve directe du fait, volontaire ou non, qui a occasionné
« le dommage ; qu'il suffit de démontrer qu'à raison même de
« sa nature et des conditions où il s'est produit, il devait néces-
« sairement avoir pour cause un acte ou une omission répréhen-
« sible du transporteur ;

« Considérant qu'à ce point de vue les circonstances relevées
« par le Tribunal dans les enquêtes et les documents du procès
« étaient de nature à former sa conviction sur l'existence d'une
« faute imputable à la Compagnie ; que, d'après la déposition du
« témoin unique de l'évènement, la portière s'est brusquement
« ouverte sans l'intervention de la victime qui avait les deux
« bras appuyés sur l'encadrement du vasistas ; que, dès lors, la
« présomption qui s'impose à l'esprit du juge est que cette por-
« tière n'avait pas été hermétiquement fermée par les employés
« qui en avaient la charge. »

admet bien, en effet, comme la majorité de la jurisprudence que la responsabilité du voiturier est délictuelle,
mais elle décide, néanmoins, que la faute de ce dernier,
par suite des circonstances de fait, doit être présumée
et que, dès lors, le voyageur n'aura pas à en rapporter
la preuve [1].

En réalité, cette jurisprudence, si elle ne fait pas
varier la nature de la responsabilité, comme M. Chavegrin, ainsi que nous l'avons vu précédemment, suivant les catégories d'accidents, du moins aboutit-elle
pratiquement au même résultat ; car là où aucune faute
ne peut être imaginée à la charge de la victime (déraillement, tamponnement), elle présume « par raison et
par bon sens » que le voiturier a commis une faute et
dispense par suite le voyageur ou ses représentants d'en
rapporter la preuve.

Le système de M. Chavegrin aboutit, comme nous
l'avons vu, au même résultat, puisque dans tous les
cas où le voyageur n'a joué qu'un rôle passif, où l'on
peut, en quelque sorte, l'assimiler à un colis, il admet
l'application des règles relatives au transport des marchandises, c'est-à-dire la dispense de preuve pour le
voyageur.

Quoi qu'il en soit, si étrange que puisse paraître au

---

[1] Rouen, 3 décembre 1898, précité, *S.*, 1899, II, 197.

« Attendu qu'il est de bon sens et de raison qu'un déraillement implique *a priori* une faute et la responsabilité de la Compagnie ou de ses agents ;

« Que la présomption qui résulte de la nature même de l'accident s'élève presque invincible ; qu'on peut dire qu'en invoquant le fait même incontesté du déraillement, la victime a fait
toute la preuve qui lui incombait et qu'elle pouvait faire, »

point de vue juridique cette évolution de la jurisprudence, elle ne constitue pas, à proprement parler, un revirement du système innové par la Cour de cassation, mais tout au plus, à notre avis, un relâchement de son rigorisme excessif des premiers jours ; car il ne faut pas oublier que la Cour de Riom, pas plus que celle de Rouen, ne disent que le voiturier est responsable de plein droit des accidents survenus aux voyageurs, comme le prétend le système de la responsabilité contractuelle. Elles dispensent seulement la victime de prouver que le voiturier est en faute, parce que c'est l'accident lui-même et lui seul qui suffit à faire cette démonstration. La collision et le déraillement sont d'après les décisions que nous venons de citer, les meilleurs témoins.

Ce sont, en somme, des considérations d'équité et de bon sens qui ont créé ce courant dans la jurisprudence et, à cet égard, on ne peut qu'en féliciter les promoteurs. Car il est certains cas où la responsabilité de l'entrepreneur de transports ne peut faire de doute pour personne. Alors, pourquoi obliger quand même la victime à en faire la preuve, quand elle apparaît d'elle-même éclatante et manifeste. Ce n'est pas évidemment le voyageur qui lance son train contre un autre arrivant en sens inverse.

Mais il faut avouer cependant que cette tendance actuelle de la jurisprudence de substituer à la preuve légalement faite de la faute du voiturier une présomption tirée des circonstances de l'accident ou plus exactement des impressions des juges ne va pas sans présenter quelques dangers. Car là où tel Tribunal trouvera une présomption de faute, tel autre jugera les circonstances de fait insuffisantes pour engager la responsabilité du voiturier, et la Cour de Cassation, obligée de respecter ces décisions souveraines dans leur appréciation, aura vite fait de voir le système créé par elle complètement battu en brèche.

Tel est l'état actuel de la doctrine et de la jurisprudence sur la question de la nature de la responsabilité du voiturier.

DEUXIÈME PARTIE

Les solutions que nous avons admises en ce qui
concerne la nature de l'action en responsabilité du
voyageur contre le voiturier vont nous faciliter
l'examen de ce qui fera l'objet de la seconde partie de
cette étude, c'est-à-dire la recherche des personnes
qui peuvent intenter l'action en responsabilité dérivant des accidents de transport, les différentes formes
que peut affecter cette dernière et enfin les conditions
de son exercice.

Étant donné, en effet, que nous avons admis avec la
majorité de la doctrine et de la jurisprudence que le
fondement de la responsabilité du voiturier se trouvait
non point dans la convention intervenue entre ce dernier et le voyageur, mais dans les principes généraux
des articles 1382 et suivants du Code civil, nous
devons décider que l'action en responsabilité à raison
d'un accident de transport est ouverte à toute personne, à la seule condition qu'elle justifie qu'elle a subi
du fait de l'accident un préjudice direct, certain et
actuel. Ce sont d'ailleurs les conditions requises pour
la recevabilité de l'action résultant de l'article 1382 et

plus généralement de toutes actions en dommages-intérêts[1]. Le délit ou le quasi-délit donne en effet naissance au profit de quiconque en a éprouvé un dommage à une créance éventuelle d'indemnité ; les termes même dont s'est servi le législateur dans l'article 1382 indiquent suffisamment que le droit à la réparation profite à tous ceux, quels qu'ils soient, qui ont été lésés[2].

Tout autre devrait être, au contraire, la solution si l'on admettait que le voyageur blessé puise le fondement de son action dans la convention qui le lie au voiturier. Seuls, en effet, la victime ou ses ayants cause pourraient, invoquant le contrat et ses obligations réciproques, demander compte à l'entrepreneur de transports du dommage par eux éprouvé.

Mais bien que l'action du voyageur contre le voiturier soit ouverte à toute personne justifiant d'un préjudice déterminé, les formes que peut affecter cette action comme les conditions de son exercice varient suivant la qualité du demandeur.

Nous aurons donc à l'examiner, en tant qu'elle sera exercée soit par la victime elle-même, soit par ses héritiers ou représentants, soit par ses créanciers, soit enfin par des tiers qui ne seront ni héritiers ni créanciers.

---

[1] Besançon, 1er décembre 1880, *D. P.*, 1881, II, 66.

[2] Article 1382 C. civ. « Tout fait quelconque de l'homme qui cause à autrui un dommage, oblige celui par la faute duquel il est arrivé à le réparer. »

Voir Féraud-Giraud, t. III, n° 408, p. 343. « L'action en justice, en cas de décès du voyageur, est ouverte à tout intéressé. »

Dans le même sens, Cass. 20 février 1863, *D.*, 1864, I, 99 ; Cass. 21 février 1869, *D.*, 1872, V, 386.

CHAPITRE PREMIER

LA VICTIME DE L'ACCIDENT

Le principe général étant, comme nous venons de le voir, que le droit d'agir contre le voiturier appartient à toute personne qui justifie d'un préjudice direct, certain et actuel résultant de l'accident, aucun doute ne saurait donc s'élever en ce qui concerne la victime. L'action de cette dernière est toujours recevable; car la lésion corporelle la plus légère cause toujours à celui qui en souffre un préjudice direct, certain et actuel. Et puisque c'est l'article 1382 du Code civil qui régit les conséquences légales de l'accident, il faut décider que le droit d'agir contre le voiturier appartient à tout voyageur blessé, quelle que soit sa qualité ou quelles que soient les conditions dans lesquelles il effectuait le parcours au cours duquel s'est produit l'accident. La réparation qui lui est due procède ici d'un trouble causé à l'ordre public et non point de la violation de conventions particulières. Il en résulte cette conséquence que l'ordre public exigeant toujours une réparation, le droit à indemnité existera aussi bien au profit de l'individu voyageant à plein ou demi-tarif ou gratuitement, que même au profit de celui effectuant un parcours en fraude. Car c'est au nom de l'ordre public troublé par la faute du voiturier, que la réparation du préjudice est demandée et obtenue, et il n'y a pas lieu par suite de tenir compte de la situation régulière ou non de la vic-

time dans ses rapports avec l'entrepreneur de transports. Tout au plus l'irrégularité de la situation de la
première pourrait-elle être invoquée par le voiturier
comme une circonstance atténuante de ses propres torts
ou plus exactement comme un motif de diminution de
l'indemnité à allouer à la victime coupable elle-même
d'une fraude.

Ce serait une solution toute différente, on le comprend aisément, qui devrait être admise si l'on décidait que l'action du voyageur contre le voiturier procède de la convention intervenue entre les parties. Car
l'individu qui voyage en fraude, c'est-à-dire sans billet,
ne pouvant se réclamer d'aucun engagement pris par
le voiturier de veiller a sa sécurité, se verrait par suite
dépourvu de toute action contre lui[1].

Mais ce sont là des principes que nous avions déjà
examinés et qui, au surplus, ne souffrent pas de difficultés bien sérieuses ; nous n'insisterons donc pas davantage.

---

[1] Voir dans ce sens un jugement du Tribunal civil de la Seine
du 14 janvier 1891 *(Gaz. Pal.*, 1891, 177), qui décide qu'un voiturier n'est pas responsable de la mort d'un individu monté dans
sa voiture par complaisance et sans rétribution. Cette décision,
en effet, tout en se fondant pour repousser l'action, sur ce fait
que le cocher ne recevant pas de rétribution ne peut être considéré comme le préposé de son patron, laisse supposer surtout
que c'est l'absence de rémunération qui enlève au transport un
de ses éléments constitutifs et à l'action sa base.

§ 2. Conditions de recevabilité de l'action intentée par la victime.

a) CONDITIONS DE CAPACITÉ.

L'action en dommages-intérêts du voyageur contre le voiturier est assujettie d'abord pour son exercice, aux conditions ordinaires de capacité exigées par la loi. C'est ainsi que si la victime de l'accident est un mineur ou un interdit, son action devra être intentée par son tuteur; s'il s'agit d'un individu pourvu d'un Conseil judiciaire, l'assistance de ce dernier sera également nécessaire pour la recevabilité de l'action.

Ce sont là, il est très vrai, des principes qui n'ont rien de particulier à notre matière et sur lesquels nous n'aurons garde par suite d'insister.

b) NÉCESSITÉ DE LA PREUVE D'UNE FAUTE DU VOITURIER. — EXCEPTION TIRÉE DE CE QUE L'ACCIDENT EST LE RÉSULTAT UNIQUE DE LA FAUTE COMMISE PAR LE VOYAGEUR.

Dans le système que nous avons admis sur la nature de la responsabilité du voiturier, la condition fondamentale de la recevabilité de l'action est la preuve de l'existence d'une faute imputable soit à l'entrepreneur de transports, soit à ses agents. Comme l'action a pour base soit un délit, soit un quasi-délit, cette nécessité de la preuve n'est pas autre chose que l'application du vieil adage que la faute ne se présume pas et doit être prouvée.

La faute, il est vrai, peut être lourde ou très légère, peu importe; le degré de culpabilité plus ou moins grand de l'auteur du délit ou du quasi-délit n'a d'influence que sur le chiffre de l'indemnité. Dès l'instant qu'il y a faute, c'est-à-dire manquement si léger soit-il, de la part du voiturier soit à ses obligations professionnelles, soit même aux devoirs légaux de prudence et de vigilance imposés à tous, sa responsabilité entre en jeu et l'action dirigée contre lui devient par là même recevable. Mais il faut encore que la preuve de cette faute soit faite d'une façon certaine et c'est au demandeur à l'action, dans l'espèce la victime, qu'en incombera tout le fardeau dans le système admis par nous. Il est vrai de dire que, comme nous l'avons vu, la tendance actuelle de la jurisprudence, est de simplifier de plus en plus les difficultés inhérentes à l'administration de la preuve de la faute du voiturier et de faire résulter cette dernière des circonstances même qui ont entouré l'accident.

Il est certains cas toutefois ou bien que la faute du voiturier soit péremptoirement démontrée, ce dernier ne sera pas tenu de réparer les conséquences de l'accident survenu au voyageur. C'est lorsque la victime aura elle-même à se reprocher une négligence ou une imprudence qui aura été la cause unique et directe de l'accident dont elle se plaint. Sans doute, au regard de la loi pénale, le voiturier pourra être néanmoins répréhensible, si l'infraction qui lui est reprochée revêt les conditions requises, mais civilement sa responsabilité devra être mise hors de cause, s'il est démontré que l'accident est le résultat unique du fait du voyageur. Mais il faudra que, dans ce cas, l'infraction dont l'entrepreneur de transports se sera rendu coupable n'ait pas pu influer d'une façon même indirecte sur les causes de l'accident et que ce dernier ne soit le résultat que

de la faute du voyageur. (Lyon, 17 janvier 1844.
Dal. Rep. *Responsabilité* n° 547).

S'il en était autrement, la responsabilité du voiturier ne pourrait être écartée et les torts du voyageur
ne constitueraient qu'une circonstance atténuante de
sa propre faute ou, plus exactement une cause de diminution de l'indemnité. C'est ainsi que le Tribunal de
Bordeaux a pu déclarer une Compagnie de chemin de
fer responsable, — dans une espèce que nous avons
déjà signalée[1] — de la mort d'une femme qui s'était
jetée d'un train en marche au secours de son enfant,
malgré l'imprudence de la victime, parce que le voiturier était lui-même coupable d'une faute, le défaut de
fermeture de la portière — qui avait été la cause
unique et directe de l'accident.

Ainsi donc — et c'est ce qui résulte de l'ensemble
des décisions de la jurisprudence[2] — l'imprudence de
la victime, si elle autorise les tribunaux à réduire le
chiffre des dommages-intérêts, ne leur permet pas
d'affranchir de toute responsabilité le voiturier dont

---

[1] Bordeaux, 31 juillet 1879, *Gaz. Pal.*, Suppl. 1889, p. 118.
[2] Voir aussi Amiens, 29 décembre 1881, *D. P.*, 1882, II, 163.
Cass. civ., 20 août 1879, *D. P.*, 1880, I, 15 ; 10 novembre
1884, *D. P.*, 1885, I, 433.
Toulouse, 11 août 1885, *Gaz. Midi*, 15 novembre 1885.
Tribunal civil de Lyon, 28 mai 1886. *Mon.* Lyon, 13 août
1886. Ces deux dernières décisions écartent l'action de la vic-
time, parce que son imprudence avait été la seule cause du pré-
judice souffert.
Paris, 9 février 1882, *Gaz. Pal.*, 1882, II, 113.
Tribunal civil, Alais, 21 janvier 1885, *Gaz. Pal.*, 1885, I, 537.
Req., 1er juillet 1878, *D. P.*, 1879, p. 234 et la note.
Aix. 10 janvier 1877, *D. P.*, 1877, II, 204.

la faute a contribué, dans une certaine mesure, à déterminer l'accident, sauf toutefois si l'imprudence de la victime a été la seule cause du préjudice souffert.

c) JUSTIFICATION DE L'EXISTENCE ET DE LA NATURE DU PRÉJUDICE SUBI

Ce qui constitue le plus sérieux écueil de la recevabilité des actions en dommages-intérêts en général et de celles intentées contre des entrepreneurs de transport en particulier, c'est le plus souvent la justification du préjudice, base de l'indemnité réclamée. Il est vrai de dire que, comme nous l'avons vu précédemment, si le demandeur à l'action est la victime de l'accident, cette justification du préjudice subi s'impose pour ainsi dire d'elle-même. La moindre lésion corporelle cause en effet toujours à celui qui l'éprouve un dommage appréciable et qui justifie, dans tous les cas, la recevabilité de l'action dirigée contre le voiturier : le quantum du préjudice dans ce cas reste seul à évaluer.

Mais il n'en va pas de même, lorsque l'entrepreneur de transports, au lieu de la victime, trouve en face de lui des parents de cette dernière et surtout des tiers qui lui demandent compte du préjudice qu'ils prétendent avoir éprouvé par suite du décès de leur auteur. Il appartient aux Tribunaux dans ce cas — et il faut reconnaître qu'à cet égard ils ne manquent pas à leur tâche — d'examiner si le préjudice dont se réclame le demandeur réunit bien les conditions que nous avons précédemment indiquées. c'est-à-dire s'il est direct, actuel et certain.

Le préjudice, pour engendrer un droit à indemnité, doit d'abord être direct et cela se comprend aisément : La mort d'un individu peut donner lieu parfois aux répercussions les plus lointaines et les plus imprévues, et faire supporter au voiturier les conséquences de ces dernières équivaudrait bien souvent à une criante injustice. Dans bien des cas, en effet, la réparation dépasserait de beaucoup la faute commise. Il est vrai de dire que la question de savoir si tel préjudice est ou n'est pas direct est laissé à l'appréciation souveraine des tribunaux. C'est ainsi que le Tribunal de Bordeaux, dans une espèce déjà signalée[1], a pu juger qu'une Compagnie de chemin de fer était responsable de la mort d'une mère qui, pour se porter au secours de son enfant tombé d'un wagon en marche, par suite d'un défaut de fermeture de ce dernier, s'était précipitée elle-même sur la voie. Il a vu dans cet acte instinctif et irréfléchi de la mère la conséquence directe, nécessaire et forcée de l'accident arrivé à l'enfant.

Mais, il faut l'avouer, les décisions de justice qui étendent aussi loin le champ de la responsabilité du voiturier sont assez rares et c'est plutôt par une sévérité contraire que pécheraient les Tribunaux.

Mais il y a plus encore : il ne suffit pas que le préjudice soit direct, il faut encore qu'il soit actuel et certain. La possibilité pour l'avenir d'un dommage plus ou moins problématique ne constitue pas un fondement suffisamment solide de l'action en dommages-

---

[1] Bordeaux précité, 31 janvier 1889, *Gaz. Pal.*, Suppl. 1889, p. 128.

Voir aussi : Rouen précité, 23 décembre 1887, *Rec. de Rouen*, 18. 1, 188.

intérêts. Le seul dommage dont les juges puissent tenir compte dans la fixation de l'indemnité est celui qui existe au moment où ils sont appelés à statuer. Sans doute, il leur est loisible d'apprécier les conséquences que l'accident pourra avoir dans l'avenir pour la victime ; car, dans ce cas, il y a un préjudice qui existe déjà ; seules les conséquences en sont lointaines et difficiles à prévoir.

Mais, là encore, l'appréciation des Tribunaux est souveraine et c'est à l'aide de cette plénitude d'appréciation que le Tribunal de la Seine a pu décider que l'auteur involontaire de la mort d'un individu était responsable, au regard de ses créanciers du non-paiement de leurs créances[1]. Il a jugé que le fait par une personne de verser régulièrement à ses créanciers, une mensualité de 2000 francs constituait pour ces derniers une certitude suffisante de paiement intégral pour les autoriser à demander à l'auteur involontaire de la mort de leur débiteur la réparation du préjudice qu'ils pourront éprouver de ce chef.

Sans vouloir critiquer la décision des juges de la Seine, il faut avouer qu'il s'agit en l'espèce d'une pure question d'appréciation. Rien ne semble, en effet, plus problématique que de savoir si un débiteur, quels que soient les gages de bonne volonté qu'il ait pu donner, dans le passé, à ses créanciers, continuera dans l'avenir à s'acquitter envers eux aussi régulièrement ; tout dépend de son bon vouloir, sans parler de telles ou telles circonstances indépendantes de sa volonté qui peuvent faire échouer ses meilleures intentions.

---

[1] Seine, 4 juillet 1901, *Gaz. Pal.*, 10e fascicule, octobre 1901.

Quoi qu'il en soit, les principes posés par le jugement précité sont consacrés par une fraction notable de la doctrine et par de nombreuses décisions judiciaires [1].

Le préjudice qui sert de base à l'indemnité n'est pas seulement le dommage corporel ou pécuniaire dont peuvent souffrir la victime et ses ayants-cause, par suite de l'accident ; les tribunaux doivent aussi tenir compte du préjudice moral, c'est-à-dire de l'atteinte portée, soit aux liens d'affection qui unissaient la victime à ses proches, soit aux espérances que le passé de cette dernière avait fait concevoir pour l'avenir. C'est, par exemple, un père de famille que l'accident arrache à l'affection de sa femme et de ses enfants qui vont se trouver, de ce fait, privés du conseiller dont ils avaient besoin pour les guider dans la vie ; ce peut être également un fils qui était l'unique soutien et l'espérance de vieux parents.

Dans toutes ces hypothèses, il ne semble pas qu'il y ait jamais eu de doutes [2], et la jurisprudence a toujours admis que le trouble jeté dans une famille par la disparition de son chef, comme aussi la perte pour de vieux

---

[1] Sourdat, *Responsabilité*, 4ᵉ éd., t. I, n° 57.

Aubry et Rau, *Droit civil français*, t. IV, n° 445.

Fuzier, Hermann, *Code civil*, annoté. art. 1166, n°ˢ 40 et suivants, art. 1382, n° 714.

Labbé, Note sur un jugement contraire du Tribunal civil de la Seine, 9 janvier 1879, *S.*, 1881, I, 21.

C. Bourges, 16 décembre 1872, *S.*, 1874, II, 71.

C. Besançon, 1ᵉʳ décembre 1880, *S.*, 1881, II, 20.

C. Douai, 15 février 1899, *Mon. Jud.*, 1900, n° 91.

[2] Aix, 6 mai 1872, *D. P.*, 1873, II, 57 (Jugement Tribunal Marseille, 10 janvier 1872).

Angers, 12 juillet 1872, *D. P.*, 1872, V, 386.

Lyon, 19 juin 1889, *Mon. Jud.*, 14 août 1889.

parents d'un enfant qui était leur consolation et l'unique espoir de leur vieillesse devait entrer en ligne de compte dans la fixation de l'indemnité. Mais, peut-on aller plus loin et accorder, par exemple, des dommages-intérêts à raison de la douleur que vous cause la perte d'une personne aimée ?

La question a été et est encore très vivement discutée. Pour M. Sourdat[1] la douleur donne droit à des dommages-intérêts qui sont une compensation donnée en argent, faute de mieux ; mais cette opinion inspirée, dit-on, des souvenirs de l'ancien droit où la distinction de l'action civile et de l'action publique n'était pas très précise a été vigoureusement combattue. Elle est contraire, dit-on, aux principes généraux du droit et surtout aux sentiments que fait naître, aujourd'hui dans une famille, la mort de l'un des siens. Il est inadmissible, dit-on, en effet, de chercher à faire d'un malheur une source de profits. En outre, pour les adversaires de l'opinion de M. Sourdat[2], il y a une distinction capitale à faire entre celui qui a éprouvé un préjudice moral, c'est-à-dire une atteinte dans sa considération qui peut craindre d'avoir perdu l'estime des honnêtes gens et doit, par suite, prendre des mesures pour faire taire le mensonge et la calomnie et celui, au contraire, à qui un accident a enlevé un parent. Car, pour ce dernier, sa douleur, loin de le faire baisser dans l'estime de ses concitoyens, pourra parfois lui attirer des sympathies.

On ajoute, et c'est peut-être le meilleur argument

---

[1] Sourdat, *Responsabilité*, t. I, n° 53.
Voir aussi : Larombière, *Des obligations*, t. V, p. 714.
[2] Mangin, *De l'action publique*, t. I, n° 123.

que l'on puisse invoquer, qu'admettre la douleur comme
élément d'indemnité, ce serait permettre d'apprécier,
de discuter et même de nier devant les tribunaux les
sentiments de tendresse et d'amitié qui existaient entre
la victime et le réclamant et que. de plus, il y aurait
une impossibilité presque absolue d'adopter un critérium pour l'évaluation des dommages-intérêts.

Quoi qu'il en soit, nous ne partageons pas, en ce
qui nous concerne, entièrement cette manière de voir
et nous estimons que s'il est odieux de vouloir, dans
un but pécuniaire, profiter d'une situation aussi triste
que celle qui résulte d'un accident, il est non moins
injuste de ne pas tenir compte des souffrances morales
et du trouble que la mort accidentelle d'une personne
peut causer aux siens. Sans doute, l'appréciation de ce
dommage peut être très difficile à faire, mais il n'en
résulte pas, à notre avis du moins, une raison suffisante
pour n'en pas tenir compte.

Au surplus, la jurisprudence la plus récente semble
parfaitement, dans la fixation du quantum des indemnités qu'elle alloue aux parents des victimes, faire état de
la douleur et du trouble ressentis par les demandeurs [1].

§ 3. Des effets pour l'avenir d'une renonciation, d'une transaction ou d'une décision judiciaire intervenue entre la victime et le voiturier relativement à l'action en dommages-intérêts.

Tant que la victime de l'accident est vivante, elle

[1] Aix, 6 mai 1872, précité.

Angers, 12 juillet 1872, précité. « Attendu que, indépendamment du préjudice matériel, clairement démontré par les docu-

seule a la libre disposition, au moins en ce qui la concerne, de l'action en dommages-intérêts contre la victime et elle peut par suite, sauf bien entendu les conditions ordinaires de capacité, soit y renoncer, soit transiger sur les droits qu'elle peut avoir, soit enfin accepter ou contester les décisions de justice intervenues à sa requête. Mais il semblerait dès lors aussi que ces différentes solutions de l'action en indemnité devraient être définitives et qu'il ne soit pas possible à la victime de revenir ultérieurement soit sur une renonciation librement consentie, soit sur une transaction légalement signée de part et d'autre, soit surtout de reprendre une instance définitivement éteinte par une décision ayant acquis force de chose jugée.

Il n'en est pourtant rien et la tendance actuelle de la jurisprudence est de permettre au contraire ces retours offensifs contre le voiturier. Pour elle, en effet, rien n'est définitif, qu'il s'agisse d'une renonciation, d'une transaction ou d'un jugement Le voyageur qui a été blessé peut, à tout moment, revenir sur le passé et réclamer à nouveau soit l'indemnité à laquelle il n'avait pas cru précédemment devoir prétendre soit au contraire un supplément de celle qui lui avait été allouée. Il est vrai de dire que la jurisprudence, pour autoriser de semblables dérogations au droit commun, exige toujours la justification par le réclamant que le préjudice dont il se plaint est la conséquence directe, la suite évidente de l'accident dont le voiturier est responsable.

ments, la demanderesse a éprouvé un sérieux préjudice moral dans ses légitimes affections ».

Mais malgré ce léger correctif, son système n'en est pas moins critiquable à de nombreux points de vue que nous examinerons plus loin.

a) **Renonciation**. — C'est surtout lorsqu'il s'agit d'une renonciation que la tendance actuelle de la jurisprudence apparaît plus choquante. Car l'acte par lequel un individu renonce volontairement et de son plein gré à se prévaloir de droits qu'il peut avoir, écarte toute idée d'erreur qui peut à la rigueur subsister lorsqu'il s'agit d'une transaction. Celui qui renonce à toute action contre le voiturier ne peut pas en effet prétendre qu'il a cédé à la tentation de l'indemnité qui lui était offerte par ce dernier, sans se rendre un compte très exact du préjudice qu'il avait souffert ou qu'il pourrait souffrir dans la suite, puisque c'est spontanément et de lui-même qu'il a passé à l'auteur du délit ou du quasi délit quittance entière et définitive. On s'explique donc difficilement qu'il lui soit permis de revenir ultérieurement sur l'abandon gratuitement consenti par lui. Il est vrai de dire — et ce sont d'ailleurs les considérations qui ont déterminé ce courant de la jurisprudence — que tout le monde est sujet à erreur, que nul ne peut prévoir quelles seront pour lui dans l'avenir les conséquences d'un fait déterminé et que, dès lors, il est équitable de laisser ouverte aux victimes de semblables méprises une porte de secours. Mais, si humanitaires que puissent être les raisons dominantes de la jurisprudence que nous examinons, il faut avouer que le résultat de cette dernière est en contradiction flagrante avec le caractère définitif et immuable attribué à la renonciation, sans parler des inconvénients que la pratique révèle chaque jour et que nous verrons plus loin [1].

b) **Transaction**. — La transaction, que ses termes soient généraux ou spéciaux, c'est du reste l'article 2044 du Code civil qui le dit, est toujours réputée mettre fin non seulement à la contestation présente, mais même à toute contestation future, si cette dernière a sa source dans la même cause [2].

En partant de ce principe, il paraît difficile, à première vue, que le voyageur qui a transigé avec le voiturier sur les conséquences de l'accident dont il a été victime puisse ultérieurement réclamer un supplément d'indemnité en se fondant sur une aggravation de maladie survenue depuis la transaction. Car, dans ce cas, la contestation nouvelle a bien la même cause que l'ancienne, c'est-à-dire l'accident. Il convient toutefois de faire à cet égard une distinction importante entre une véritable transaction où les parties ont entendu régler définitivement les conséquences actuelles et futures de l'accident et un simple règlement en quelque sorte provisoire qui n'a visé que la réparation du préjudice passé. Dans le premier cas, nous estimons qu'une demande nouvelle tendant à un supplément d'indemnité basé sur une aggravation de maladie ne devrait pas être recevable. Car lorsque la victime a eu en vue, au moment de la transaction, toutes les conséquences futures et possibles de l'accident, il est

---

[1] Marseille, 8 août 1868 ; Lamé Fleury, 72, **86**.
[2] Troplong, TRANSACTIONS, nº 112.
Picard, *Traité des chemins de fer*, t. III, p. 492 et 493.
Féraud-Giraud, t. III, nº 419.

certain qu'en échange de l'indemnité qu'elle a reçue, elle a entendu libérer définitivement le voiturier de toute responsabilité ultérieure. Admettre la possibilité du contraire, ce serait supposer chez elle une spéculation malhonnête et, dans tous les cas, contraire aux principes de l'article 1134 du Code civil qui veut que les conventions soient exécutées de bonne foi.

Il est inutile en outre de chercher à prétendre, pour expliquer le droit pour la victime de revenir sur ses engagements, que cette dernière a pu se faire illusion sur son état de santé et ne point se rendre compte des conséquences que l'accident pourrait avoir pour elle dans l'avenir, puisqu'une transaction (article 2052 du Code civil) ne peut être rescindée pour cause d'erreur, que lorsque cette dernière porte sur la personne ou l'objet de la contestation ; or, dans le cas qui nous occupe, l'erreur, s'il y en avait une, porterait seulement sur l'étendue plus ou moins grande du préjudice subi [1].

Il n'en serait peut-être pas tout à fait de même s'il s'agissait d'une action intentée par des héritiers de la victime postérieurement à son décès et malgré la transaction signée par elle, car leur action aurait alors pour cause le décès de leur auteur. c'est-à-dire un fait nouveau. Certains jurisconsultes soutiennent cependant que même dans ce cas la transaction signée par la victime devrait faire échec à la demande de ses héritiers, car le décès dont se plaignent ces derniers n'est qu'une suite de l'accident primitif et on ne peut empêcher la

---

[1] Dissertation de Giboulot sous arrêt. Aix, 14 juin 1870, *D. P.*, 72, II, 97.

victime de transiger sur toutes les conséquences même les plus lointaines et les plus imprévues [1].

Mais si, au contraire, les parties n'ont tenu compte dans la transaction qu'elles ont faite que du dommage actuellement souffert, sans songer aux conséquences futures de l'accident, rien ne peut s'opposer à ce que l'aggravation de la maladie autorise une nouvelle demande d'indemnité ; car il n'y a pas à proprement parler de transaction, mais seulement un règlement temporaire et c'est l'article 1134 du Code civil lui-même qui, dans ce cas, pour asssurer l'exécution loyale de la convention, légitimera l'action nouvelle intentée par la victime.

Quoi qu'il en soit, la jurisprudence admet depuis longtemps déjà [1], qu'il s'agisse d'une véritable transaction ou d'un simple règlement, la possibilité d'une nouvelle action en cas d'aggravation dans l'état de la victime [2]. Elle concilie les sentiments d'équité qui l'inspirent et les principes généraux du droit, notamment le caractère irrévocable de la transaction, en déclarant, dans tous les cas, que les parties n'ont transigé qu'en tenant compte de l'état de la victime au moment où elles traitaient et non point des conséquences probables de son accident pour l'avenir.

Il est de fait que, en l'espèce, la part la plus large est laissée à l'appréciation des tribunaux.

c) **Décisions judiciaires**. — La possibilité pour

---

[1] Larombière, *Obligations*, V, p. 724.

[2] Aix, 29 janvier 1833, *Jurisp. gén. Verbo*, TRANSAC., n° 100. Paris, 11 août 1868, *D. P.*, 1868, II, 186 ; 16 juillet 1870, *D. P.*, 1871, II, 169.

la victime d'un accident de demander, en cas d'aggravation de maladie. un supplément d'indemnité au voiturier, apparaît en quelque sorte moins choquante en
fait, lorsque c'est une décision de justice qui a solu-
tionné une première fois l'action en responsabilité ; car
à la différence de la renonciation et de la transaction,
on ne trouve point. lorsqu'il s'agit d'une décision judiciaire quelconque, ce consentement des parties, cet
accord librement conclu qui semblent écarter la possibilité d'une erreur ou même d'une appréciation inexacte des conséquences futures d'un accident.

Il est vrai que, par contre, en droit, la recevabilité
d'une nouvelle action intentée par la victime contre le
voiturier va à l'encontre du respect qui s'attache à la
chose jugée et réduit en quelque sorte à néant le principe de l'inviolabilité des décisions judiciaires.

Malgré cela, les tribunaux n'hésitent pas à accueillir
les demandes nouvelles formées par des victimes d'accidents qui se fondent, pour réclamer un supplément
d'indemnité, sur une aggravation de leur état de santé.
La jurisprudence tourne la difficulté résultant de l'exception de chose jugée en considérant d'une manière
générale toute aggravation dans l'état de la victime
comme une cause nouvelle de demande. Satisfaction est
donnée, dit-on, de la sorte à l'article 1351 du Code civil,
car la demande nouvelle de la victime se trouve avoir
une cause différente de la première[1]. Ce dont la victime
se plaint, en effet. si elle actionne une seconde fois,
c'est de l'aggravation de ses souffrances et non de l'accident lui-même sur lequel ont statué les premiers juges.

---

[1] Aix, 2 avril 1870, *D. P.*, 1871, II, 241.

Il y a là, il nous semble, une distinction qui n'est pas exacte ; car, en fin de compte, l'aggravation des souffrances, c'est la conséquence, la suite de l'accident objet de la demande originaire, mais ce n'est point une cause nouvelle. Il faut le désir qui anime la jurisprudence de donner satisfaction à l'équité sans violer trop ouvertement le principe de l'autorité de la chose jugée pour voir, entre les deux situations ci-dessus, une différence appréciable.

La distinction qu'il convient de faire, à notre avis, se résoud en une question de fait qui est la suivante : la première décision a-t-elle, en fixant l'indemnité due à la victime, tenu compte de toutes les conséquences possibles de l'accident : il faut alors, en droit strict, rejeter toute demande postérieure tendant à l'allocation d'une indemnité supplémentaire. Si, au contraire, le premier jugement n'a eu pour but que de régler le préjudice passé, rien ne s'oppose à ce que la victime ne demande ultérieurement une nouvelle indemnité à raison de l'aggravation de son état.

Mais encore faut-il que les tribunaux se montrent d'une très grande circonspection et qu'ils exigent du demandeur la preuve que l'aggravation du mal dont il se plaint est la suite directe de l'accident imputable au voiturier.

Quoi qu'il en soit, l'application rigoureuse du principe de la chose jugée semble aux tribunaux trop contraire à l'équité et c'est pour cette raison qu'ils la repoussent[1].

---

[1] Req., 10 décembre 1861, *D. P.*, 1862, I, 124.

d) INCONVÉNIENTS ET DANGERS DE CETTE JURISPRUDENCE.

Les décisions que nous venons d'examiner, si elles donnent satisfaction à certains sentiments d'équité respectables d'ailleurs, ne sont pas sans présenter pratiquement des dangers et des inconvénients qui suffiraient à les faire condamner.

La possibilité pour la victime, en effet, de revenir à tout moment soit sur une transaction, soit sur un jugement passé en force de chose jugée, laisse le champ libre à des spéculations plus ou moins honnêtes. Elle constitue une véritable épée de Damoclès perpétuellement suspendue sur la tête de l'auteur de l'accident qui, moyennant le paiement du montant de la transaction ou du jugement, a pourtant le droit de se croire à l'abri de toute réclamation.

Sans parler. en outre, que cette jurisprudence humanitaire ne tient aucun compte soit du caractère aléatoire de la transaction, soit du respect dû aux décisions judiciaires légalement rendues, il faut avouer qu'elle aboutit à mettre l'anteur de l'accident dans un cruel embarras. Comment ce dernier pourra-t-il prouver, en effet, que l'aggravation dont se plaint la victime ne provient pas d'une autre cause que l'accident dont il a été déclaré responsable? De longues années ont pu s'écouler depuis la survenance de l'accident et le voiturier qui se croyait à l'abri de toutes recherches pourra difficilement établir que le dommage dont on lui demande à nouveau la réparation, est le résultat non point de l'accident, mais de causes postérieures qui, étant personnelles à la victime, lui sont tout à fait étrangères.

Enfin, si le voyageur qui a été blessé peut, en cas d'aggravation de son état, réclamer un supplément d'indemnité, il faudrait, pour être logique, admettre également la révocabilité de la transaction et du jugement au profit de l'auteur de l'accident, dans le cas d'amélioration inattendue de l'état de la victime. C'est pourtant inadmissible et la jurisprudence s'est toujours refusée à autoriser l'auteur de l'accident à se prévaloir d'une guérison inespérée ou plus rapide de sa victime[1]. Tout ce qu'elle consent à faire, c'est à décider que l'indemnité sera servie seulement jusqu'à la guérison et à se réserver ainsi, le cas échéant, un droit de revision ou de rétractation, ou jusqu'à ce que le préjudice vienne à cesser, dans l'hypothèse, par exemple, d'une veuve qui se remarierait[2].

Quoi qu'il en soit, ce sont les circonstances de fait qui guident le plus souvent les décisions de la jurisprudence que nous venons de signaler, et il appartient aux tribunaux, pour éviter de tomber dans l'arbitraire, de se montrer très prudents à l'égard des demandes nouvelles formées par les victimes d'accidents et d'exiger de ces dernières la preuve que le préjudice dont elles se réclament est bien la suite directe de l'accident imputable au voiturier.

---

[1] Nancy, 10 juillet 1875, *D. P.*, 1876, II, 63.

[2] Dijon, 23 novembre 1866, *D. P.*, 1867, II, 13.

Voir aussi : Req., 28 novembre 1855, *D. P.*, 1856, I, 56.

Voir également, mais en sens contraire, un arrêt de la Cour d'Aix du 9 juin 1873 (*D. P.*, 1874, II, 238), qui décide que les Tribunaux doivent fixer *définitivement* et une fois pour toutes l'indemnité due aux victimes.

CHAPITRE II

HÉRITIERS OU PARENTS DE LA VICTIME

§ 1. Des héritiers ou parents qui peuvent actionner le
voiturier. Conditions de recevabilité de leur action.

En principe, et cela résulte de la généralité des termes de l'article 1382 du Code civil, tous ceux qui ont
éprouvé un préjudice quelconque, moral ou pécuniaire,
par suite du décès soit de leur auteur, soit même simplement de leur parent, peuvent en demander la réparation au voiturier. Ils puisent leur droit d'agir dans le
dommage qu'ils éprouvent personnellement et non
point dans les liens de parenté qui les unissent à la victime.

Il apparaît dès lors clairement que la seule condition
de recevabilité de l'action intentée contre l'auteur de
l'accident par des héritiers ou parents de la victime se
résume en une question de justification du préjudice
souffert, sans que, d'ailleurs, le degré de parenté plus
ou moins rapproché puisse avoir une influence quelconque sur le sort de la demande[1].

[1] Besançon, 1er décembre 1880, *D. P.*, 1881, II, 66. « Attendu,
dit cet arrêt, que l'action en dommages-intérêts exercée par les
héritiers d'une personne victime d'un accident n'est pas subordonnée à leur qualité d'héritiers réservataires ou au droit qu'ils
auraient eu de réclamer des aliments ; qu'il suffit, pour que l'action soit accueillie qu'elle s'appuie sur la justification d'un pré-

Mais il est bien évident qu'il ne s'agit en l'espèce que de l'action intentée par les héritiers ou parents en leur nom personnel et sur le fondement du préjudice qu'ils éprouvent personnellement ; il en serait tout autrement de celle qui serait exercée aux lieu et place de la victime et en son nom. Seuls, en effet, les héritiers au degré successible pourraient se prévaloir de cette dernière comme représentants du défunt.

Nous aurons, d'ailleurs, à reparler plus loin de la différence qui existe entre ces deux sortes d'actions.

Mais, en ce qui concerne l'action personnelle des héritiers ou parents, le principe c'est qu'elle est ouverte à tous, à la seule condition de justifier de l'existence d'un dommage résultant directement et actuellement soit des blessures reçues par le voyageur, soit de sa mort. Peu importe donc que le réclamant soit réservataire ou non, héritier légitime ou naturel, qu'il ait accepté ou renoncé à la succession de la victime ; dès l'instant qu'il a subi un dommage appréciable par la faute du voiturier, l'article 1382 du Code civil l'autorise à lui en demander compte. C'est ainsi que le tribunal civil de Saint-Flour[1] a pu juger qu'une mère naturelle était fondée à réclamer des dommages-intérêts à raison d'un accident qui avait causé la mort de son fils, bien que ce dernier n'ait pas été régulière-

---

judice moral ou matériel. » — Féraud-Giraud, t. III, n° 408, p. 343. « L'action en justice, en cas de décès du voyageur, est ouverte à tout intéressé ».

Civ. cass., 20 février 1863, *D. P.*, 1864, I, 99 ; Civ. cass., 21 juillet 1869, *D. P.*, 1872, V, 386.

[1] Tribunal civil de Saint-Flour, 21 décembre 1882, *Gaz. Pal.*, 1883, I, 259.

ment reconnu par elle et que la Cour de Paris a pu faire l'application des mêmes principes [1].

C'est ainsi également que l'action en indemnité contre le voiturier sera ouverte aussi bien aux parents ou alliés non successibles ou renonçants qu'aux héritiers du premier degré acceptant la succession de la victime et que la veuve pourra en même temps que les enfants et ascendants du voyageur, réclamer des dommages-intérêts pour le préjudice qu'elle aura éprouvé.

La Chambre criminelle de la Cour de cassation a fait une curieuse application de ce principe que le critérium de la recevabilité de l'action des héritiers se trouve dans la justification du préjudice souffert, en décidant [2] que l'action en indemnité était recevable même de la part d'un parent auquel la victime n'eût pas été tenue de fournir des aliments, la rupture des liens d'affection et de famille suffisant d'après elle a légitimer une semblable demande.

De ce que tous les parents qui ont éprouvé un dommage peuvent en demander la réparation au voiturier,

[1] Paris, 16 novembre 1871, *D. P.*, 1872. II. 62.
Voir aussi : Bourges, 23 janvier 1867, *D. P* , 1867, II. 197.
Req., 21 juillet 1869, *D. P.*, 72, V, 386.
Aix, 14 juin 1870, *D. P.*, 72, II, 97 et la note.
Besançon, 1er décembre 1880, précité.
Tribunal civil de Lyon, 5 juillet 1890, *Mon.*, Lyon, 2 septembre 1900.
Voir aussi : Crim. req., 20 février 1863, *D. P.*, 1864, I. 99.
Voir aussi : Cass., 4 mars 1872, *Bulletin des chemins de fer*, 1872, p. 90.
Paris, 27 mai 1876, *Bulletin des chemins de fer*, 1880, p. 127.
Angers, 9 août 1872, *D. P.*, 1872, V, 386.
Paris, 20 décembre 1878. Lamé Fleury, *Bull.*, 80, p. 99.
[2] Crim. req., 20 février 1863, *D. P.*, 1864. I. 99.

il en résulte cette conséquence qu'ils sont libres de faire valoir leurs droits à tout moment et quand bon leur semble. L'action de l'un n'exclut pas celle de l'autre ; ils peuvent agir simultanément ou individuellement, sans limitation aucune de degrés de parenté.

Il semblerait, après ce que nous venons de dire, inutile à première vue d'insister davantage sur cette conséquence qui s'impose pour ainsi dire d'elle-même. Il n'en est pourtant rien et certaines décisions de la jurisprudence comme certains auteurs l'ont, à notre avis, à tort méconnue. Ce n'est pas, en effet, sans un certain étonnement que l'on peut voir dans un **arrêt** de la Cour de Paris[1] repousser l'action des ascendants d'un individu écrasé par une voiture, sous prétexte que dans une instance précédente, l'enfant naturel **de** la victime avait obtenu une réparation pécuniaire appréciée eu égard à la totalité du préjudice que cette mort avait pu occasionner à la famille.

MM. Sourdat[2] et Faustin Hélie[3] ne sont pas davantage exempts du même reproche. Ces auteurs, en effet, tout en posant comme principe que tous les parents lésés par l'accident ont droit à des dommages-intérêts, établissent néanmoins entre eux des classifications inexplicables. C'est ainsi que le droit d'agir contre le voiturier appartiendrait, selon eux, d'abord à la veuve et aux enfants — légitimes ou naturels — et que l'action des autres héritiers ne serait recevable qu'à défaut par les premiers d'avoir eux-mêmes intenté la leur.

---

[1] Paris, 22 juillet 1837. Voir *Jurisp. gén.*, RESPONSABILITÉ, n° 155.

[2] Sourdat, RESPONSABILITÉ, 2ᵉ édition, t. I, n° 56.

[3] Faustin Hélie, *Instr. crim.*, t. II, p. 355.

Ces solutions sont inexplicables aussi bien en fait qu'en droit. En fait — car il est inadmissible qu'un parent ne puisse pas, alors que le préjudice qu'il éprouve est constant, en demander la réparation au voiturier pour cette unique raison que la veuve ou un enfant de la victime aura déjà exercé l'action qui lui appartient personnellement. Que fait-on, d'autre part, dans ce système de l'article 1382 du Code civil qui accorde à toute personne sans distinction, lésée par le fait d'autrui, le droit de demander la réparation du dommage qu'elle éprouve. Et si un doute pouvait subsister sur l'étendue d'application de l'article 1382, il nous semble que l'article 1, paragraphe 2 du Code d'instruction criminelle qui accorde l'action en réparation du dommage causé par un crime, un délit ou une contravention à tous ceux qui ont souffert de ce dommage, suffirait à le lever.

A notre avis, il faut laisser de côté ces classifications qui ne reposent sur rien et conclure, d'accord en cela avec la majorité de la doctrine et de la jurisprudence, que tous les parents, sans limitation aucune de degrés, qui ont éprouvé un dommage par suite de l'accident, sont fondés à actionner le voiturier responsable, simultanément et non pas l'un à l'exclusion de l'autre[1].

§ 2. Des actions qui peuvent appartenir aux héritiers.

ACTION PROPRE A LA VICTIME

ACTION PERSONNELLE AUX HÉRITIERS

Indépendamment de l'action qui peut appartenir aux parents de la victime et qui se fonde sur le préjudice

[1] Besançon, 1er décembre 1880, précité.

que ces derniers éprouvent personnellement, un accident survenu à un voyageur donne parfois ouverture contre le voiturier au profit des héritiers à une autre action toute différente à de nombreux points de vue. C'est celle qui appartient en propre à la victime et qui procède du dommage qu'elle a elle-même éprouvé.

Il est vrai que, pour que cette dualité d'action puisse exister, il faut supposer que le voyageur n'a pas été tué sur le coup, qu'il a survécu, ne fût-ce qu'un instant de raison à l'accident qui a entraîné sa mort. S'il en était autrement, l'action n'aurait pu prendre naissance sur sa tête et il ne saurait être, dès lors, question pour ses héritiers de l'exercer.

Mais il faut prendre garde de confondre ces deux sortes d'actions, car l'origine de chacune d'elle est bien différente. L'héritier qui intente celle qui lui est propre se plaint en effet du dommage que la mort du voyageur lui a personnellement causé ; il agit, pour ainsi dire, comme un tiers. Celui, au contraire, qui exerce l'action de la victime n'agit que comme son représentant, comme substitué aux droits qu'il recueille dans sa succession.

Le fondement de ces deux actions n'est donc pas du tout le même, et il résulte de cette diversité de point de départ des conséquences notables qui constituent entre elles des différences importantes :

1º Nous avons dit que cette dualité d'actions contre le voiturier ne pouvait exister que lorsque la victime avait survécu à l'accident. Il est bien évident, en effet, que pour qu'un droit puisse naître à son profit, il faut que la victime soit à même de le recueillir. Mais dès l'instant qu'il a pris naissance en sa personne, il fait

partie de son patrimoine, de sa succession et se
transmet comme tout le reste de ses biens à ses héritiers. Ces derniers le recueilleront donc à son décès,
dans les mêmes conditions que le reste de la fortune,
c'est-à-dire que seuls les héritiers venant en rang utile
et qui accepteront l'hérédité auront le droit de s'en
prévaloir, à l'exclusion des non-successibles et des
renonçants.

Cette solution, qui n'est pas contestée dans le cas où
la victime est morte sans avoir agi, est à plus forte
raison évidente lorsqu'elle a intenté son action avant
de mourir[1]. Car alors le droit déduit en justice fait
partie d'une façon plus tangible en quelque sorte de
la succession, et il y a lieu seulement pour les héritiers
à une reprise de l'instance précédemment introduite.

Il en est tout autrement de l'action intentée par les
héritiers en leur nom personnel. A tous, nous l'avons
vu, l'article 1382 du Code civil accorde le droit d'agir
contre le voiturier, à la seule condition de justifier d'un
préjudice personnel et direct, et il importe peu qu'il
s'agisse d'héritiers au degré successible ou non, acceptant ou répudiant la succession. Car ce n'est point dans
leur qualité d'héritiers c'est-à-dire de continuateurs
de la personne du défunt qu'ils puisent les droits qu'ils
font valoir contre l'entrepreneur de transports responsable de l'accident, mais uniquement dans le dommage
dont ils souffrent personnellement.

2° L'action de la victime, à la différence de celle
qui leur est personnelle, n'est pas toujours ouverte aux

---

[1] Aix, 14 juin 1870, précité, *D. P.*, 72, II, 97 et la note.
Angers, 12 juillet 1872, *D. P.*, 72, V, 386.

héritiers. Ils ne la trouvent dans la succession de leur auteur et ne la recueillent par suite, nous l'avons vu, que lorsque la victime n'est pas morte instantanément. Cette solution paraît, à première vue, étrange et l'on a peine à concevoir que des héritiers puissent en cette qualité demander compte à l'entrepreneur de transports d'un accident où leur auteur a été seulement blessé et qu'ils ne le puissent plus à raison d'un accident qui a entraîné sa mort instantanée.

Certains auteurs, sous prétexte que, en admettant ce système, la responsabilité du voiturier serait en raison inverse de l'importance de sa faute, ont prétendu qu'il y avait là une confusion et que les héritiers de la victime avaient le droit d'agir en son nom même dans le cas de mort instantanée de cette dernière. Pour eux, en effet, ce n'est pas la mort du voyageur qui engendre l'action, c'est l'accident qui en est la cause et comme ce dernier est survenu du vivant de la victime, l'action qu'il engendre a pu exister, ne fût-ce qu'un instant, sur sa tête et passer ensuite à ses héritiers[1].

A notre avis, cette manière de voir est inexacte; car, dans la réalité des choses, il est impossible de distinguer l'accident de la mort. Ce sont deux événements simultanés qui ne sauraient produire des effets distincts, et l'on saisit, d'autre part, difficilement quelle

---

[1] Voir Aubry et Rau, *Cours de droit civil francais*, 4ᵉ éd., t. IV, p 75o et suiv., qui semblent admettre implicitement cette opinion.

M. Labbé soutient également cette thèse : « La mort instantanée de la victime, dit-il, cause le même tort qu'une blessure grave. Le développement du patrimoine se trouve arrêté; les entreprises au moyen desquelles la fortune prospérait sont interrompues. »

espèce de préjudice l'accident en lui-même peut engendrer, abstraction faite de la mort.

En définitive, c'est la mort seule qui donne naissance à l'action et, dès lors, il convient, selon nous, de décider que cette dernière n'ayant pu prendre naissance sur la tête de la victime, en cas de mort instantanée, n'appartient pas aux héritiers[1].

Il est bien évident, au contraire, que l'action personnelle de ces derniers leur appartient toujours, que la victime ait survécu ou non à l'accident. La rapidité du décès du voyageur pourra même, le cas échéant, être considérée comme une cause de préjudice moral, par suite de la rupture inattendue des liens d'affection qui unissaient la victime à ses héritiers.

Mais il est d'autres hypothèses où l'action de la victime n'appartiendra pas à ses héritiers qui pourront néanmoins faire valoir contre le voiturier leur action personnelle. Il en est ainsi, ou plutôt, il devrait en être ainsi dans le cas, soit d'une renonciation, soit d'une transaction consentie avant le décès de la victime, soit même dans le cas d'un jugement ayant acquis de son

---

[1] La jurisprudence paraît, d'ailleurs, adopter cette manière de voir. En ce sens :

Paris, 15 juin 1868, *le Droit*, 20 juin 1868.

La question qui nous occupe présente surtout de l'intérêt lorsque les demandeurs sont des collatéraux plus ou moins éloignés. Comme ils n'éprouvent, par suite du décès, qu'un préjudice personnel peu appréciable, l'action de la victime seule peut, en effet, leur être avantageuse.

Voir également dans ce sens :

Besançon, 1er décembre 1880, précité, S., 1881, II, 20.

Sourdat, *De la Responsabilité*, I, 54.

Belat, Note sous Cass. civ., 4 mars 1873, *D. P.*, 1873, II, 327.

vivant l'autorité de la chose jugée. Nous avons vu, il est vrai, que la tendance actuelle de la jurisprudence, inspirée sans doute par des considérations humanitaires, était de ne tenir qu'un compte très relatif des solutions que l'action en dommages-intérêts avait pu recevoir précédemment et de montrer une bienveillance peut-être excessive à trouver dans les circonstances du procès des causes nouvelles de demande. Nous avons montré les inconvénients, tant au point de vue juridique que pratique, de ce système qui autorise la victime à revenir à tout moment sur des accords librement consentis ou sur une décision passée en force de chose jugée : ce que nous avons dit, à cet égard, en ce qui concerne la victime, s'applique exactement à ses héritiers qui, étant les continuateurs de sa personne, sont tenus des mêmes obligations.

Il en est tout autrement lorsque les héritiers, au lieu de se prévaloir de l'action propre au voyageur, demandent au voiturier la compensation pécuniaire du dommage dont ils souffrent personnellement. Qu'importe alors, en effet, dans ce cas, qu'il y ait eu renonciation, transaction de la part de la victime ou même décision de justice ! L'objet des demandes comme les parties en cause n'étant pas les mêmes, les solutions qui seraient intervenues à la requête du voyageur ne sont pas opposables à ses héritiers. Ce sont pour eux « res inter alios acta ». On peut donc poser comme principe, sans faire aucune entorse aux règles de l'article 1351 du Code civil, que l'action personnelle des héritiers leur est toujours ouverte, quelles que soient les solutions intervenues à la requête de la victime ;

3° Une autre conséquence qui dérive du fondement

de l'action propre au voyageur, c'est que, faisant partie de la succession de la victime, qu'elle ait été ou non intentée par cette dernière, l'indemnité qui peut en résulter est sujette au rapport ou à la réduction. C'est un bien qui fait partie de la succession du défunt et sur lequel les créanciers de ce dernier peuvent se faire payer par application, de l'article 2093 du Code civil. Rien de plus naturel dès lors que de faire à cette partie du patrimoine l'application des règles ordinaires qui régissent les rapports des cohéritiers entre eux.

De ce que l'action de la victime fait partie de son patrimoine, il faut en conclure également que, comme tous les droits successoraux, elle devra être exercée soit collectivement par tous les héritiers, soit par l'un d'entre eux, mandataire des autres. On ne concevrait pas qu'elle pût être intentée individuellement par chacun d'eux dans la mesure seulement de ses droits dans l'hérédité. Car il ne faut pas perdre de vue l'objet de cette action, qui est de compenser par une somme d'argent le dommage souffert par la victime. Son exercice par les héritiers n'en modifie nullement le caractère ; ce sont eux qui, continuant la personne du défunt, viennent en son lieu et place demander l'indemnité à laquelle il avait droit, et l'on ne peut, sous peine de dénaturer le sens et la portée de cette demande, autoriser chacun des cohéritiers à l'exercer individuellement et pour sa part.

L'action personnelle des héritiers leur appartient au contraire en propre ; elle prend naissance dans la personne de chacun des parents qui éprouve un préjudice par suite du décès de son auteur et qui est libre d'en user à sa guise. Chacun d'eux puise son action dans le dommage qu'il ressent personnellement*; ce qu'il invoque, en agissant, ce n'est pas sa qualité d'héritier, mais le préjudice qu'il éprouve.

Il ne peut plus être question, dès lors, de rapport ou de réduction, pas plus, d'ailleurs, que les créanciers successoraux ne pourraient émettre la prétention de se faire payer sur les indemnités allouées à chacun des héritiers si, toutefois, ces derniers n'ont pas fait un acte entraînant addition d'hérédité et, par suite, confusion des patrimoines [1].

4° Pratiquement enfin, l'action propre à la victime sera toujours plus avantageuse pour les héritiers que leur action personnelle. Car toute lésion causée à la personne d'un individu constitue toujours pour celui qui l'éprouve une cause de préjudice certain et facilement appréciable, à plus forte raison la mort. Les héritiers en exerçant l'action de leur auteur sont

---

[1] C. Paris, 21 août 1872, *D. P.*, 1872, II, 126. L'espèce que nous rapportons n'a pas trait à la responsabilité du voiturier, mais elle est néanmoins intéressante parce qu'elle tranche nettement la question. Il s'agissait, en fait, d'une saisie-arrêt pratiquée au préjudice des père et mère d'un sieur Victor Salmon dit : « Victor le Noir » par un créancier de ce dernier sur l'indemnité de 25.000 francs que le prince Bonaparte avait été condamné à leur payer à raison de la mort de leur fils tué en duel. Le Tribunal de la Seine et la Cour de Paris ont déclaré nulle la saisie-arrêt pratiquée par le créancier en se fondant sur ce que l'indemnité allouée aux père et mère de la victime leur était personnelle et ne faisait pas partie de la succession de la victime :

« Attendu, dit le jugement du Tribunal de la Seine, que la somme de 25.000 francs, montant des dommages-intérêts accordés aux époux Salmon n'a jamais appartenu à Victor Salmon ;

« Attendu, dès lors, que les créanciers personnels de Victor Noir ne peuvent avoir aucun droit sur cette somme et qu'il y a lieu de déclarer le demandeur mal fondé en sa demande. »

donc assurés par avance d'obtenir comme représentants du défunt une indemnité, si toutefois bien entendu le voiturier est responsable de l'accident dont on lui fait grief.

Il n'en est pas toujours de même lorsque les héritiers agissent en leur propre nom ; la justification du préjudice subi est souvent, nous l'avons vu, le grand écueil où viennent échouer les actions en dommages-intérêts. Peu nombreux sont en effet ceux qui peuvent justifier que la mort de leur auteur leur a causé un préjudice réellement et pécuniairement appréciable, soit parce qu'ils se trouveront désormais privés des secours alimentaires ou des libéralités qu'ils recevaient auparavant, soit parce que la rupture des liens d'affection qui les unissaient à la victime a jeté dans leurs affaires un trouble de nature à être pris en considération.

Etant donné les différences que nous venons de signaler entre l'action propre à la victime d'un accident et celle personnelle à ses héritiers, on comprend aisément l'importance de la question de savoir à quel titre ces derniers agissent contre le voiturier. C'est au tribunal saisi qu'il appartient de le décider d'une façon souveraine, en tenant compte tant des termes mêmes de l'exploit introductif d'instance que des faits et circonstances de la cause. Les décisions des tribunaux échappent à cet égard au contrôle de la Cour suprême [1].

---

[1] Besançon, précité, 1er décembre 1880, *D. P.*, 1880, II, 66.

§ 3. **De la transmission des actions appartenant aux héritiers de la victime au profit de leurs propres héritiers.**

Étant donné ce que nous venons de dire sur les deux sortes d'actions qui peuvent dans certains cas appartenir aux héritiers de la victime d'un accident de transport, il n'est pas sans intérêt de rechercher si ces actions, une fois nées sur la tête desdits héritiers, peuvent se transmettre à leurs propres successeurs. À ne considérer que le texte de l'article 724 du Code civil, qui décide que « les héritiers légitimes sont saisis de plein droit des biens, droits et actions du défunt, l'affirmative semblerait devoir s'imposer d'une façon générale. Car, en somme, les actions que les héritiers du voyageur peuvent avoir à exercer contre le voiturier ou plus exactement le droit à indemnité qui résulte de l'accident lui-même constitue incontestablement un bien au sens juridique du mot, c'est-à-dire une chose susceptible d'appropriation et pouvant procurer une certaine utilité.

Mais ce ne sont là que des apparences trompeuses et un examen plus approfondi doit conduire forcément à admettre, à notre avis, une distinction tirée de la nature du préjudice subi par l'héritier immédiat de la victime : si le préjudice subi par ce dernier ou par son auteur est pécuniaire, s'il résulte, par exemple, de la suppression d'une pension servie par le défunt ou des libéralités qu'il avait coutume de faire, pourquoi ne pas admettre la possibilité d'une transmission, au profit des successeurs de l'héritier, des actions qui apparte-

naient à ce dernier ? L'action dans ce cas fait incontestablement partie de la succession de l'héritier de cujus ;
elle apparaît sous une forme en quelque sorte tangible,
comme représentant une partie de l'actif héréditaire
dont le voiturier est le débiteur.

Mais doit-on aller plus loin et admettre cette survi-
vance des actions de l'héritier au profit de ses successeurs lorsque le préjudice subi est simplement moral ?
C'est, par exemple, un parent qui avait le droit de
demander à l'entrepreneur de transport la réparation
du dommage qu'il avait éprouvé par suite du trouble
jeté dans ses affaires par le décès de son auteur ? Va-
t-on dire que ses propres héritiers, continuateurs de sa
personne, trouvant dans sa succession les actions qui
lui appartenaient, vont pouvoir en profiter ? Il semble
difficile de l'admettre, car il s'agit, en l'espèce, d'une
action essentiellement personnelle qui s'éteint avec la
personne même au profit de laquelle elle était née. La
douleur d'un père ou d'une mère n'est pas ressentie
par ses propres héritiers.

L'analyse des situations conduit donc à un résultat
tout différent de celui qui découle des principes généraux du droit.

Il est vrai de dire que la solution que nous venons
d'indiquer reçoit parfois un tempérament qui permet
aux successeurs des héritiers de la victime de poursuivre l'exercice des actions même purement personnelles.
C'est lorsque leur auteur les avait lui-même déduites
en justice. Ce n'est, en somme, que l'application du
vieil adage que le droit romain formulait ainsi :
« Actiones quae morte vel tempore pereunt semel
« inclusae judicio salvae permanent. » L'action intro-

duite en justice se transforme pour ainsi dire ; elle perd le caractèrc personnel qui la distinguait auparavant et il ne subsiste d'elle que le droit à indemnité qui, étant essentiellement pécuniaire, se trouve dans la succession que les héritiers recueillent.

CHAPITRE III

CRÉANCIERS DE LA VICTIME

Nous avons vu, en examinant quelles étaient les
personnes à qui l'action en dommages-intérêts résultant d'un accident de transport pouvait appartenir, que
l'action en justice était ouverte de la façon la plus large
à tout intéressé, à la seule condition de justifier de
l'existence d'un préjudice en quelque sorte qualifié,
c'est-à-dire réunissant certaines conditions que nous
avons indiquées.

Les termes mêmes dont s'est servi le législateur dans
l'article 1382 du Code civil ne permettent d'ailleurs
aucun doute à cet égard. Il est donc incontestable que
le créancier de la victime a parfaitement le droit, en
justifiant de l'existence d'un préjudice direct, certain
et actuel, de demander en son nom au voiturier la
réparation du dommage qu'il a personnellement subi
du fait de l'accident survenu à son débiteur.

Tous les auteurs sont d'accord sur ce point [1] et la

---

[1] Labbé, *Note sur un jugement contraire du Tribunal civil de
la Seine du 9 janvier 1879*, S., 1881, I, 21.

Sourdat, *De la Responsabilité*, 4e éd., t. I, n° 57.

Aubry et Rau, *Droit civil français*, t. IV, n° 445.

Fuzier Hermann, *Code civil annoté*, art. 1166, n°s 40 et suivants et art. 1382, n° 774.

Dalloz, Supplément, *verbo* RESPONSABILITÉ, n° 228.

jurisprudence a toujours consacré cette solution qui, d'ailleurs, semble difficilement discutable [1].

Il est un autre point qui est également certain, c'est que tout créancier a le droit de reprendre en son nom et de poursuivre l'action engagée par son débiteur décédé en cours d'instance. Et il importe peu dans ce cas que le préjudice souffert par la victime soit purement matériel ou purement moral, ou que l'on considère le droit de demander des dommages-intérêts comme exclusivement attaché à la personne ; car l'action, par le fait de son introduction en justice, se décompose en quelque sorte ; les éléments personnels qu'elle pouvait contenir disparaissent et il ne subsiste, comme nous l'avons dit à propos des héritiers de la victime, que le caractère pécuniaire. C'est dès lors un bien qui fait partie de la succession du défunt et sur lequel les créanciers de ce dernier peuvent exercer les droits que leur confère l'article 2093 du Code civil [2].

---

[1] C. Bourges, 16 décembre 1872. S., 1874, II, 71.
C. Besançon, 1er décembre 1880, S., 1881, II, 20.
C. Douai, 16 mars 1898, D. P., 1898, II, 415.
C. Douai, 15 février 1899, Mon. Jud., 1900, n° 91.
Tribunal civil Seine, 4 juillet 1901. Gaz. Pal., 10e fascicule, 8 octobre 1901.
Il est vrai de dire que l'on trouve certaines décisions dissidentes : Voir notamment : Tribunal civil Seine, 9 janvier 1879, précité. C. Douai, 7 juillet 1892, S., 1894, II, 20 ; 28 décembre 1892, S., 1894, II, 22.

[2] Tribunal civil de la Seine, 9 janvier 1879, précité. « Attendu, dit ce jugement, qu'il en serait autrement, c'est-à-dire que l'action des créanciers serait recevable, au cas où la victime aurait formé son action ;

« Qu'en effet, les biens et actions d'un débiteur étant le gage commun de ses créanciers, il en résulte que ceux-ci trouvant

Mais si les auteurs et la jurisprudence sont, en général, d'accord sur les différents points que nous venons de signaler, il en est un autour duquel se sont agitées et s'agitent encore les controverses les plus nombreuses et les plus vives.

Nous voulons parler de la question de savoir si un créancier de la victime peut, à son défaut, intenter contre le voiturier l'action qui appartient à cette dernière, et se faire attribuer en son lieu et place l'indemnité à laquelle elle avait le droit de prétendre, et ce, par application de l'article 1166 du Code civil. L'intérêt pratique qui s'attache pour le créancier à l'admission de l'affirmative explique seul la vivacité des discussions qui se sont élevées à ce sujet. On comprend aisément, en effet, combien serait avantageuse la situation du créancier qui, prenant le lieu et place de la victime, pourrait réclamer l'indemnité à laquelle cette dernière avait droit. Car, au lieu de l'espérance plus ou moins problématique d'une indemnité subordonnée à la justification du préjudice subi par lui, il aurait la quasi certitude d'obtenir au moins l'équivalent du dommage qu'il aurait éprouvé, le droit à indemnité de la victime étant sans contredit de beaucoup supérieur au sien propre et existant quant à elle par le seul fait de l'accident.

En résumé de ce qui précède, il résulte — sans vouloir pour cela préjuger la solution des difficultés que

l'action formée dans le patrimoine de leur débiteur auraient le droit d'en poursuivre l'exercice par voie de subrogation judiciaire, dans les termes de l'article 1166, et ce, malgré le désistement donné par leur débiteur, s'il avait été donné en fraude de leurs droits, conformément à l'article 1167... »

nous venons d'esquisser — qu'un accident de transport peut donner ouverture contre le voiturier, au profit des créanciers de la victime, à deux actions bien distinctes, tant au point de vue de leur origine que de leur résultat. C'est d'abord l'action fondée sur l'article 1382 que le créancier exerce en son nom propre et s'appuyant sur le préjudice qu'il a personnellement subi et c'est ensuite celle qu'il peut intenter au nom de son débiteur comme exerçant les droits de celui-ci, en vertu de l'article 1166 du Code civil.

§ 1. Action intentée par le créancier en son nom personnel (Art. 1382 C. civ.)

En principe, tout tiers qui éprouve un préjudice personnel par suite d'un accident de transport peut agir en réparation de ce préjudice contre le voiturier. Mais si telle est la règle générale, il n'en est pas tout à fait de même dans la pratique, et le droit d'agir accordé à la victime d'un délit ou d'un quasi-délit n'est pas aussi largement ouvert que l'on serait tenté de le croire à première vue. Car l'exercice de l'action résultant de l'article 1382, indépendamment de la preuve d'une faute imputable au voiturier, implique nécessairement la justification d'un préjudice direct, certain et actuel, subi par celui-là même qui en demande la réparation. Or, bien peu nombreuses sont, en fait, les situations remplissant ces conditions. Dans quels cas un créancier pourra-t-il établir que le décès de son débiteur lui cause un préjudice direct et surtout certain et actuel? Les exemples que l'on cite habituellement sont ceux du débiteur qui payait ses créanciers

par acomptes sur ses appointements et qui meurt
insolvable à la suite d'un accident de transport ; c'est
encore celui du débiteur tué quelques instants avant
un parent dont il devait recueillir l'opulente succession. Mais, peut-on vraiment dire que, même dans ces
cas, la faute imputable au voiturier cause au créancier
de la victime un préjudice certain et actuel ? Ne s'agit-
il pas, en effet, de simples probabilités plutôt que
d'une certitude ? Qui nous dit que le débiteur, qui
payait régulièrement son créancier par des prélèvements
sur ses revenus, aurait continué à agir de la sorte, si l'accident qui lui est survenu ne lui était pas arrivé ? Et,
quant à celui que la mort a empêché de recueillir l'hé-
ritage d'un parent fortuné, où est donc la preuve que
telle ou telle circonstance imprévue et impossible à
prévoir n'aurait pas réduit ses espérances à néant ? Il
est vrai de dire que les circonstances de fait et le pouvoir d'appréciation des tribunaux jouent un rôle considérable en la circonstance. Et c'est ce qui explique
certaines décisions de la jurisprudence qui ont considéré comme certains et actuels des préjudices qui, à
notre avis, n'étaient que probables et éventuels. La
plus curieuse, à cet égard, des décisions que nous
avons rapportées précédemment est un jugement du tribunal civil de la Seine[1] qui a estimé que le décès d'un dé-

---

[1] Tr. civil de la Seine, 4 juillet 1901, précité. *Gaz. Pal.*,
10e fascicule, octobre 1901. Voici les principaux motifs de cette
décision qu'il nous a paru intéressant de reproduire :

« Attendu qu'aux termes de l'article 1382 du Code civil, tout
« fait quelconque de l'homme qui cause à autrui un dommage
« oblige celui par la faute duquel il est arrivé à la réparer ;

« Que ces termes sont généraux et s'appliquent aussi bien aux

biteur qui avait depuis longtemps l'habitude de payer ses créanciers par mensualités régulières constituait, au regard de ceux-ci, une cause de préjudice certain et actuel suffisante pour légitimer leur action, attendu qu'ils étaient en droit de « compter sur les émoluments à provenir de l'activité de leur débiteur, ainsi que l'attestait le passé ».

La doctrine est d'ailleurs d'accord sur ce point avec la jurisprudence[1] et admet comme cette dernière que toute atteinte portée « aux facultés d'un débiteur, à sa puissance de travail, toutes choses sur lesquelles le créancier était en droit de compter et qui constituaient en réalité son gage, l'autorise à demander au voiturier la réparation du préjudice qu'il éprouve personnellement.

Nous ne contesterons pas, en ce qui nous concerne, l'exactitude de cette solution absolument conforme aux principes de l'article 1382 du Code civil ; mais nous

« tiers qui souffrent un préjudice personnel du fait de l'accident
« qu'à la victime elle-même et à ses parents ;
« Qu'on ne saurait contester sérieusement que la mort de Du-
« chemin ait pu causer un préjudice à Puyramaure, Chaulin
« et Cie, alors qu'il est établi que Duchemin faisant un emploi
« des plus fructueux de ses aptitudes avait l'habitude de leur
« verser chaque mois une somme de 2000 francs sur sa dette et
« qu'il eût, suivant toutes les vraisemblances, continué de s'ac-
« quitter envers eux, s'il n'eût été tué par l'accident ;
« Que sans doute, Duchemin serait demeuré libre d'employer
« ses facultés comme il lui eût convenu et que ses créanciers
« n'eussent pu qu'attendre le prix de ses efforts, sans pouvoir
« prétendre le diriger ; mais qu'ils n'en avaient pas moins le
« droit de compter sur les émoluments à provenir de l'activité
« de leur débiteur, ainsi que l'attestait le passé... »

[1] Voir les auteurs cités précédemment page 121.

ne saurions trop signaler les dangers auxquels son admission expose dans la pratique et la facilité regrettable avec laquelle on peut considérer comme un dommage certain et actuel ce qui n'est en réalité qu'une éventualité lointaine et problématique.

Il va sans dire, en outre, que, dans tous les cas où nous avons admis le droit pour les créanciers de demander, en leur nom, au voiturier la réparation du préjudice qu'ils éprouvent personnellement par suite d'un accident arrivé à leur débiteur, la recevabilité de leur action est subordonnée à la preuve d'une faute imputable à l'entrepreneur de transport ou à ses agents. C'est une question préjudicielle qui doit être solutionnée avant tout autre ; car, ainsi que nous l'avons dit à plusieurs reprises, l'action en dommages-intérêts résultant de l'article 1382 du Code civil implique nécessairement l'existence d'une faute, d'une négligence ou d'une imprudence commise par celui-là même contre lequel elle est dirigée. Ce sont en définitive les principes généraux qui s'appliquent à notre sujet, et c'est pourquoi nous n'insisterons pas davantage.

Est-il utile d'ajouter en outre que le fondement de l'action qui nous occupe étant le dommage personnellement subi par le créancier qui l'exerce, la limite de la satisfaction qui pourra en résulter pour lui se trouve forcément déterminée à l'avance. Autrement dit le maximum de l'indemnité qu'il pourra obtenir correspond exactement à la totalité du préjudice qu'il aura éprouvé. C'est ce qui distingue, au point de vue du résultat, cette action de celle que le créancier pourrait exercer en se fondant sur l'article 1166 du Code civil. Car lorsqu'il s'agit de l'action que l'on est convenu d'appeler « indirecte », le créancier actionne le voiturier comme substitué aux droits et actions de son débiteur, il prend son lieu et place et l'indemnité qu'il obtient doit correspondre alors au dommage subi par la victime de l'accident, c'est-à-dire qu'elle est en général bien supérieure à celle que le créancier aurait obtenue en son nom personnel, le voyageur blessé étant, *a priori*, toujours le plus lésé par l'accident.

Il est vrai de dire aussi, comme nous le verrons plus loin, que le créancier qui a mis en mouvement l'action de l'article 1166 du Code civil n'a pas le droit de s'en attribuer le bénéfice exclusif. Il ne peut que partager avec les autres créanciers de la victime l'indemnité obtenue qui, étant le gage commun de tous, doit se répartir entre eux par voie de contribution suivant le montant de leurs créances respectives. C'est une nouvelle différence avec l'action dérivant de l'article 1382 du Code civil qui, elle, au contraire, profite exclusivement à celui qui l'intente.

§ 2. Action intentée par le créancier au nom de la victime (art. 1166 C. civ.).

L'article 1166 du Code civil, en décidant que les créanciers peuvent exercer tous les droits et actions de leur débiteur, à l'exception de ceux qui sont exclusivement attachés à la personne, a fourni tant aux auteurs qu'aux tribunaux un champ de discussions sans limites. L'imprécision même des termes dont le législateur semble s'être servi à dessein n'était pas faite au surplus pour ménager un terrain d'entente. Aussi, des controverses nombreuses se sont-elles élevées sur le critérium de ces droits « exclusivememl attachés à la personne » dont l'exercice ne peut appartenir aux créanciers. Nous ne croyons pas sans intérêt de rappeler ici les principaux systèmes qui se sont faits jour sur cette question, car leur examen simplifiera considérablement la recherche du point de savoir dans quelle catégorie on doit faire rentrer l'action en dommages-intérêts résultant d'un accident de transport.

Pour certains auteurs[1], l'article 1166 n'étant qu'un corollaire de l'article 2093 du Code civil qui décide que tous les biens d'un débiteur sont le gage commun de ses créanciers, il s'ensuit que l'exercice de tous les droits ou actions qui ne sont pas susceptibles de se traduire par une somme d'argent doit être refusé à ces derniers. On comprendrait en effet difficilement quel profit pourrait bien retirer un créancier de l'exercice d'une action purement personnelle de son débiteur, du droit de correction paternelle, par exemple, ou du droit de consentir à un mariage. Mais il ne faudrait pas croire, d'autre part que tous les droits susceptibles de procurer un profit pécuniaire puisse être exercés par les créanciers. Il faut, selon les mêmes auteurs, distinguer suivant le fondement du droit. Celui-ci est-il basé sur un intérêt purement moral, comme par exemple le droit de demander le divorce ou la séparation de corps ou la révocation d'une donation pour cause d'ingratitude, on doit le considérer comme exclusivement attaché à la personne et en refuser par suite l'exercice aux créanciers. A-t-il au contraire pour fon-

---

[1] Voir notamment : Baudry-Lacantinerie, *Précis de droit civil*, t. II, p. 653 et suivantes.

dement un intérêt purement pécuniaire, comme le droit de demander la rescision d'une vente pour cause de lésion, rien ne s'oppose à ce que les créanciers puissent, au refus de leur débiteur, l'exercer à sa place.

Il est vrai de dire que tous les droits et actions ne présentent malheureusement pas des caractères aussi nettement définis et que certains d'eux se fondent tout à la fois sur son intérêt moral et sur un intérêt pécuniaire. D'après M. Baudry Lacantinerie, il faudra, dans ce cas, rechercher quel est celui des deux fondements du droit qui domine et faire alors l'application de l'un ou de l'autre des principes qui précèdent.

Pour d'autres auteurs [1], ce ne serait pas dans le fondement du droit qu'il faudrait chercher la solution du problème qui nous occupe mais, au contraire, dans son objet, dans le résultat qu'il produit, ce qui est tout à fait différent.

Sans vouloir entrer plus avant dans l'examen de ces différents systèmes qui risqueraient de nous entraîner

---

[1] MM. Aubry et Rau (*Cours de droit civil français*, 5e éd., t. IV, § 312, f. 204) définissent les droits exclusivement attachés à la personne « ceux qui ne présentent pas un intérêt pécuniaire et actuel, et ceux qui, soit d'après une disposition spéciale de la « loi ou l'analogie résultant d'une pareille disposition, soit d'après « le motif ou le but en vue desquels l'action ou le droit a été « concédé, ne peuvent être exercés que par le débiteur ou qui, « du moins, ne peuvent pas l'être contre sa volonté par une « autre personne ».

Voir aussi :

Cours analytique du Code Napoléon, Demante et Calmet de Santerre, t. V, n° 81 *bis*, VIII et IX.

Demolombe, *Cours de Code civil*, t. II, n°s 56 et suiv.

Laurent, t. XVI, n° 419.

en dehors du sujet de cette étude, nous estimons cependant qu'il est plus rationnel, pour apprécier le caractère de personnalité d'un droit, de tenir compte de son fondement plutôt que de son résultat.

Quant à la jurisprudence, elle semble admettre que les droits exclusivement attachés à la personne dont parle l'article 1166 du Code civil sont ceux qui ne sont ni transmissibles aux héritiers ni cessibles. Il faut, à notre avis, écarter ce critérium qui n'est pas exact, car il existe tels ou tels droits qui, bien que transmissibles aux héritiers, ne sauraient néanmoins être exercés par les créanciers [1]. Il est vrai de dire que la jurisprudence qui, sur ce point est très divisée, comme nous le verrons plus loin, ne montre pas à l'égard de son propre système une fidélité très grande et qu'elle y a fait elle-même de larges brèches.

En réalité, bien que les principes que nous avons exposés puissent servir en règle générale à déterminer si tel ou tel droit est ou n'est pas attaché à la personne, les questions de fait jouent ici un très grand rôle et l'appréciation des tribunaux est dans tous les cas souveraine.

Pour ce qui est du sujet de notre étude, c'est-à-dire de l'action du voyageur victime d'un accident contre le voiturier, il nous paraît douteux que cette dernière puisse être considérée comme exclusivement attachée à la personne, soit que l'on en considère le fondement soit que, au contraire on tienne compte de son résultat.

---

[1] C'est ainsi que l'action en révocation d'une donation pour cause d'ingratitude peut appartenir dans certains cas aux héritiers et cependant elle ne peut jamais être exercée par les créanciers. (Art. 957 C. civ.)

Quelle est donc, en effet, la base de l'action qui appartient à la victime, sinon de lui procurer sous forme de compensation pécuniaire, faute de mieux, la réparation du dommage qu'elle a éprouvé du fait de l'accident ? Et, d'autre part, le but de cette action n'est-il pas exactement le même ? C'est donc, au premier chef, un droit susceptible de se traduire par une somme d'argent et, par suite, dont l'exercice doit profiter aux créanciers. On peut objecter, il est vrai, et c'est d'ailleurs l'argument capital des adversaires du système que nous exposons que, par son fondement, l'action de la victime est basée sur un intérêt moral qui exclut toute immixtion des créanciers. L'accident porte, dit-on, avant tout, atteinte à la personne, à l'individualité de la victime ; c'est à cette dernière, par suite, qu'il appartient exclusivement de juger s'il lui convient d'intenter ou non l'action.

Il y a là, à notre avis, une erreur ou tout au moins une confusion ; car il est inadmissible de prétendre que l'accident dont un voyageur peut être victime au cours d'un transport puisse porter une atteinte quelconque soit à son honneur, soit à la considération dont il jouit, c'est-à-dire en un mot à sa personnalité dont il est le seul maître. En réalité, c'est tout au contraire l'inverse qui se produit ; presque toujours un accident est, pour la personne qui en est la victime, une cause de recrudescence des sympathies qu'elle inspirait auparavant et parfois même le point de départ d'affections nouvelles.

Ce qui est par exemple toujours atteint par un accident, ce sont les facultés physiques ou intellectuelles de la victime, ce sont les entreprises qu'elle dirigeait et sur lesquelles vont se répercuter les conséquences de l'accident, c'est enfin sa puissance de travail et son activité commerciale qui constituent au premier chef l'un des éléments du gage général qui appartient aux créanciers.

Car, ainsi que le fait très justement observer M. Labbé [1], le gage des créanciers ne comprend pas seulement les biens présents de leur débiteur mais aussi les biens à venir, c'est-à-dire l'accroissement probable de son patrimoine résultant de ses facultés physiques et intellectuelles, en un mot — pour employer une formule consacrée par une décision récente [2] — « les émoluments à provenir de son activité ainsi que l'attestait son passé. » Dès l'instant donc que l'accident a détruit chez le débiteur ou même simplement amoindri en lui l'un de ces facteurs de richesse, il semble naturel d'autoriser ses créanciers à demander, en son nom, au voiturier responsable, le rétablissement, sous forme de satisfaction pécuniaire, de la brèche faite à leur gage. Le débiteur est, par suite de l'accident, privé, je suppose, de l'usage de l'un de ses membres ou bien encore l'émotion qu'il a ressentie a déterminé chez lui, comme il arrive fréquemment, un de ces cas de neurasthénie traumatique qui, anihilant toutes ses facultés non seulement arrête la marche des affaires qu'il dirigeait, mais encore en amène rapidement la ruine. Ses créanciers ne sont-ils pas fondés à dire dans ce cas, en son nom, au voiturier : c'est

[1] Labbé, Note sous un jugement du Tribunal civil de la Seine du 9 janvier 1879. S., 1881, II, 21.

[2] Tr. civil de la Seine, 4 juillet 1901, *Gaz. Pal.*, 10ᵉ fascicule, octobre 1901.

l'accident dont vous êtes responsable qui a fait disparaître notre gage présent et détruit le germe de celui que nous pouvions légitimement espérer dans l'avenir de l'activité de notre débiteur dont son passé répondait, vous nous devez la compensation pécuniaire de la perte que nous éprouvons ? Soutenir le contraire équivaudrait en somme à nier la généralité du gage que confère aux créanciers l'article 2093 du Code civil.

En définitive, le droit de la victime à des dommages-intérêts correspond à un amoindrissement de son patrimoine. Ce que les créanciers demandent en intentant l'action de leur débiteur, c'est une conpensation pécuniaire de l'appauvrissement que ce dernier subit du fait de l'accident et de la perturbation jetée dans sa fortune, autrement dit une restauration du gage que la loi leur confère dans l'article 2093 du Code civil. Car il est absolument certain qu'un accident de transport ne porte atteinte à aucun sentiment d'ordre intime et privé, il ne frappe la victime que dans son activité, ses facultés physiques et, par-contre coup, dans ses affaires et son patrimoine.

Nous persistons donc à croire que le droit pour la victime d'un accident de demander des dommages-intérêt au voiturier responsable est dans son principe pécuniaire et que dès lors les actions qui en dérivent peuvent être exercées par les créanciers.

Il est vrai de dire que si tel est le principe général il serait inexact de croire que, dans tous les cas, l'exercice des droits du débiteur appartiendra à ses créanciers. La vérité se trouve dans une distinction qu'il convient de faire entre les différentes hypothèses qui peuvent se présenter, distinction qui résulte d'ailleurs des principes généraux relatifs à l'article 1166 du Code civil.

Et d'abord, si le débiteur est mort instantanément, il n'est pas douteux pour nous que ses créanciers ne pourront pas exercer ses droits et actions ; car il est admis par tout le monde que les créanciers ne peuvent agir aux lieu et place de leur débiteur, que lorsque ce dernier refuse ou néglige de le faire lui-même, ce qui suppose forcément qu'il est vivant. Le but de l'action « indirecte » est en effet de permettre aux créanciers de vaincre l'inaction ou la mauvaise volonté de leur débiteur ; elle n'a par suite plus de raison d'être quand la victime est décédée. Mais il est en outre une autre considération qui doit faire dans ce cas refuser aux créanciers le bénéfice de l'article 1166, c'est que pour nous, l'action en dommages-intérêts n'a pas pu naître sur la tête de la victime morte instantanément. Certains auteurs soutiennent il est vrai le contraire, mais nous avons vu ce qu'il fallait penser de leur théorie à cet égard.

Si la victime, bien qu'ayant survécu à l'accident, décède avant que ses créanciers aient agi à sa place, nous estimons que ces derniers pourront néanmoins se prévaloir de l'article 1166, à la condition seulement que le défunt laisse des héritiers qui recueillent sa succession. Car alors les raisons qui ont motivé notre décision dans l'hypothèse précédente n'existent plus ici. L'action est née au profit de la victime ; elle fait partie de son patrimoine, ses héritiers la trouvent dans sa succession, et si ces derniers qui sont les continuateurs de la personne du défunt refusent ou négligent d'agir, les créanciers héréditaires le pourront à leur place.

Mais nous ne saurions aller plus loin et admettre, comme le fait par exemple M. Labbé [1], le droit d'agir pour les créanciers dans tous les cas. Pour lui, en effet, la mort instantanée du débiteur ne fait pas obstacle à l'action de ses créanciers, qui ont également, d'après lui, le droit d'exercer l'action en dommages-intérêts de la victime, même lorsque cette dernière décède sans laisser d'héritiers qui la représentent [2]. Si digne d'intérêt que puisse être en effet la situation des créanciers d'un individu victime d'un accident de transport, il ne nous semble pas que toutes les solutions proposées par M. Labbé puissent être acceptées sans discussion. Nous avons repoussé par avance celle d'après laquelle, même en cas de mort instantanée du voyageur, les

[1] Labbé, Note sous Tribunal civil Seine, 9 janvier 1879, précité.

[2] Labbé, Note dans *Sirey*, 1881, II, 21. « La victime du délit est morte insolvable, aucun héritier ne veut accepter sa succession. La personne lésée par le délit n'existe plus ; elle n'est pas représentée. Même, en ce cas, nous sommes portés à dire : une faute a été commise, une réparation est due. L'action en dommages-intérêts est dans le patrimoine à l'avantage de ceux qui ont des droits sur le patrimoine. Nous ne comprenons pas que l'énormité de la faute qui a entraîné la mort soit une cause d'affranchissement de responsabilité pour le coupable. N'est-ce pas le cas pour prévenir un si injuste résultat de vivifier le patrimoine, de ressusciter une théorie romaine : l'hérédité jacente soutient la personne du défunt? Si des biens de la succession étaient détériorés ou détruits par la faute d'un tiers après la mort du débiteur, est-ce que la circonstance qu'il n'y a pas d'héritier acceptant, pas de successeur, pas même l'État, à cause de l'insolvabilité manifeste empêcherait de reconnaître une action en dommages-intérêts au profit de la masse? Non assurément. »

créanciers de ce dernier trouveraient dans sa succession une action qu'ils pourraient exercer en son nom ; nous n'insisterons donc pas davantage.

Reste la seconde hypothèse examinée par M. Labbé : la victime morte instantanément ou même postérieurement à l'accident ne laisse aucun héritier ou successeur pour recueillir son hérédité. Est-il vrai de dire que, même dans ce cas, les créanciers vont pouvoir exercer, au nom de leur débiteur, l'action en dommages-intérêts qui fait partie, dit-on, de sa succession ? Nous ne le pensons pas. Et d'abord, si le voyageur est mort instantanément, sans avoir survécu ne fût-ce qu'un instant à l'accident dont il a été victime, nous persistons à croire qu'aucune action en indemnité n'a pu prendre naissance sur sa tête et que, par suite, ses créanciers ne trouveront dans son patrimoine aucun droit à faire valoir de son chef. Si, au contraire, la victime a survécu à l'accident, un droit à indemnité est certainement né à son profit contre le voiturier et doit se retrouver, par suite, dans sa succession ; mais, nous ne pensons pas, néanmoins, que ses créanciers puissent l'exercer à sa place. Car, il ne faut pas perdre de vue la raison d'être du droit conféré aux créanciers par l'article 1166 du Code civil qui est de vaincre l'inaction ou la mauvaise volonté du débiteur ou de ses représentants. Dès l'instant donc que le débiteur n'existe plus et n'est pas d'autre part représenté, comme le suppose M. Labbé, l'action « indirecte » de ses créanciers ne se comprend plus.

Cette solution est, sans doute, pratiquement très regrettable, car elle met les créanciers à la merci des héritiers ou successeurs de la victime qui peuvent, en refusant la succession qui leur est dévolue, les priver de l'exercice d'une action qui les eût indemnisés peut-être de la perte qu'ils subissent ; mais elle est imposée par les principes du droit qui ne sauraient fléchir devant des questions d'humanité et de sentiment. En fait, il est vrai, une succession, si insolvable soit-elle, a presque toujours un représentant, ne fût-ce qu'un curateur dans le cas où elle est vacante et, en fin de compte, la solution proposée par M. Labbé peut être le plus souvent admise, mais il faut se garder, à notre avis, de la formuler en termes aussi généraux.

Reste enfin l'hypothèse, pour ainsi dire classique, qui constitue le champ d'application ordinaire de l'article 1166 du Code civil : le débiteur a survécu à l'accident dont il a été victime, mais, soit par négligence, soit par mauvaise volonté, il refuse de demander au voiturier la réparation à laquelle il a droit. Ici, aucun doute n'est permis et il est évident, d'après ce que nous avons dit précédemment, que ses créanciers pourront alors agir en son lieu et place et demander, en son nom, à l'entrepreneur de transport responsable, la compensation pécuniaire du vide fait par l'accident dans son patrimoine.

Comme le dit très justement M. Labbé[1], « celui qui « a des créanciers et qui ne les satisfait pas n'est plus « libre d'être généreux, délicat, scrupuleux quant à « l'exercice des actions qui protègent ses intérêts pé- « cuniaires. Il n'est pas permis d'être généreux aux « dépens d'autrui, aux dépens de ses créanciers ».

L'opinion que nous avons admise sur l'article 1166 du Code civil, c'est-à-dire le droit que nous avons

---

[1] Labbé, Note précitée ; *Sirey*, 1881, II, 21.

accordé aux créanciers de la victime d'un accident de transport d'exercer, au nom de cette dernière, dans certains cas que nous avons déterminés, les actions qui peuvent lui appartenir contre le voiturier, n'a pas, il faut le reconnaître, l'assentiment de la majorité de la doctrine et de la jurisprudence. A l'exception de M. Labbé dont le système apparaît justement plus original à raison même de l'isolement où il se trouve dans la doctrine, la majorité des auteurs qui ont écrit sur ce sujet persiste, en effet, à décider que le droit de demander des dommages-intérêts est exclusivement attaché à la personne et que, par suite, les créanciers ne peuvent pas l'exercer au nom de leur débiteur. M. Sourdat[1] notamment, dont l'opinion est d'un grand poids en cette matière, distingue les actions en dommages-intérêts suivant qu'elles procèdent de délits contre les personnes ou contre la propriété et n'accorde le droit d'agir aux créanciers que lorsqu'il s'agit d'une atteinte au patrimoine de leur débiteur.

MM. Aubry et Rau[2], Demolombe[3], Laurent[4] pro-

---

[1] Sourdat, *De la Responsabilité*, t. I, nos 73 et suiv. « Les actions en dommages-intérêts, dit-il, nommées en droit romain « actiones vindictam spirantes » ont moins pour objet une indemnité pécuniaire que la réparation d'un tort moral. Le silence gardé par l'offensé contient remise implicite de l'injure et s'oppose à ce que toute autre personne que le ministère public, puisse, contre sa volonté, intenter une action qui par cela même n'a plus de fondement. Au contraire, peuvent être exercées par les créanciers toutes les actions en dommages-intérêts naissant de délits contre les propriétés. »

[2] Aubry et Rau, *Droit civil français*, t. IV, § 312, p. 208.

[3] Demolombe, *Cours de Code civil*, t. II, nos 30 et suiv.

[4] Laurent, t. XVI, n° 419.

fessent la même doctrine, c'est-à-dire s'accordent à considérer les actions en dommages-intérêts résultant de délits contre les personnes comme ne pouvant pas être exercées par les créanciers.

M. Tarbouriech, à propos des accidents du travail[1] n'est pas moins catégorique : « Si la victime refuse « d'agir, dit-il, les créanciers ne pourront pas, armés « de l'article 1166, exercer ses droits contre le patron, « et si l'ouvrier est mort de l'accident, ils ne trouve- « ront pas dans sa succession une action qu'ils puissent « exercer dans la limite de leurs créances. »

Malgré tout, il ne nous semble pas que l'opinion de ces auteurs, quelle que soit l'autorité qui s'attache à leur nom, constitue un argument bien redoutable à opposer au système que nous avons adopté.

Tous, en effet, partent de ce principe que les délits contre la personne causent forcément à celui qui en est victime un tort moral. Or c'est justement ce qu'il faudrait tout d'abord démontrer, et particulièrement pour les délits résultant d'accidents de transport.

Nous avons toujours reconnu, en ce qui nous concerne, que pour toute atteinte qui serait porté aux sentiments intimes et privés du débiteur, à son honneur et à sa considération, les créanciers ne sauraient se substituer à lui : il est seul juge de ce qu'il doit faire.

---

[1] Tarbouriech, *Des assurances contre les accidents du travail*, § 334, p. 224 et suiv.

M. Tarbouriech ajoute même que la preuve que l'action en dommages-intérêts est exclusivement attachée à la personne c'est que « les personnes qui ont droit à cette indemnité, si elles sont héritières de la victime, ne sont pas tenues de rapporter les sommes ainsi reçues ni de subir la réduction », n° 338,

Mais ce que nous contestons formellement, et c'est là où nous cessons d'être d'accord avec les partisans du système adverse, c'est qu'un accident de transport porte jamais atteinte à l'un « de ces intérêts moraux aux- « quels le créancier ne peut toucher, à la défense des- « quels il ne peut prétendre[1] » ; nous l'avons déjà dit, la victime n'est et ne peut être atteinte par l'accident que dans son organisme et par contre-coup dans ses affaires et son patrimoine.

En réalité, la majorité des auteurs que nous avons cités semble avoir surtout en vue des actions en dommages-intérêts résultant de délits ou de crimes commis contre une personne par un autre individu dans un but avoué ou secret de vengeance ou de rancune à assouvir. Il est évident que, dans ce cas, il peut y avoir, indépendamment de l'atteinte portée aux facultés physiques et intellectuelles du débiteur, une répercussion sur certains sentiments personnels, comme l'honneur ou la considération. On comprend donc facilement que, dans une hypothèse semblable, le débiteur soit seul à pouvoir apprécier s'il lui convient d'exiger la réparation à laquelle il a droit ou si, au contraire, il n'est pas préférable pour lui de garder le silence. Mais le délit dont un entrepreneur de transport peut se rendre coupable n'a aucun mobile déterminé contre tel ou tel voyageur ; il ne vise personne en particulier. Il n'est que le résultat d'une négligence ou d'une imprudence du voiturier ou de ses préposés.

Il y a donc une différence notable entre les actions en dommages-intérêts résultant des délits ordinaires

___

[1] Labbé, Note précitée.

contre les personnes et celles qui découlent des délits qui peuvent être commis à l'occasion d'un contrat de transport, et c'est pourquoi nous persistons à décider que ces dernières peuvent être exercées par les créanciers aux lieu et place de la victime.

Quant à la jurisprudence, elle considère d'une façon générale le droit pour la victime d'un accident de transport de demander des dommages-intérêts comme exclusivement attaché à la personne sans que d'ailleurs on puisse nettement découvrir les raisons qui déterminent ses décisions. Pour rejeter l'action d'un créancier qui demande à se prévaloir de l'article 1166 du Code civil, elle se contente, en effet, de poser comme un axiome que l'action en responsabilité de la victime est exclusivement attachée à la personne : « Attendu, dit « en substance un arrêt de la Cour de Besançon, que « l'action n'était point née en la personne du débiteur « (mort instantanément) et que, celui-ci eût-il survécu, « son action en responsabilité serait une action exclu- « sivement attachée à la personne [1]. » Presque toutes les décisions judiciaires relatives à notre sujet sont conçues dans le même sens. Et si d'aventure [2] un tri-

---

[1] C. Besançon, 1er décembre 1880, *D. P.* 1881, II, 66, et jugement de Baume-les-Dames du 29 avril 1880.

[2] Voir à cet égard un jugement du Tribunal civil de la Seine du 9 janvier 1879 *(S.* 1881, II, 21), que nous ne croyons pas inutile de reproduire ici : « Attendu qu'en raison de la nature de cette action, nul autre que lui (la victime) de son vivant n'en aurait pu avoir l'exercice; que notamment ses créanciers n'auraient pu l'exercer à son défaut ou contre sa volonté, dans les termes de l'article 1166 du Code civil ;

« Attendu, en effet, qu'aux termes dudit article, les créanciers peuvent exercer tous les droits et actions de leur débiteur, à

bunal cherche à motiver son jugement, il le fait le plus souvent en termes d'une généralité telle qu'il est très malaisé de discerner exactement les motifs qui l'ont inspiré [1].

Quoi qu'il en soit, il nous sera sans doute permis de dire que la jurisprudence n'est pas, en la circonstance, très logique avec elle-même. Elle refuse aux créanciers de la victime l'exercice des actions que cette dernière peut avoir contre le voiturier, sous prétexte qu'il s'agit de droits exclusivement attachés à la personne, c'est-à-dire pour employer ses propres expressions, de « droits qui ne peuvent être pris et considérés par les

l'exception de ceux qui sont exclusivement attachés à sa personne ;

« Attendu que l'action en dommages-intérêts pour réparation d'un délit commis contre les personnes rentre nécessairement dans l'exception ainsi formulée ; que par cela même qu'il appartient à la partie lésée d'en remettre et d'en poursuivre la réparation, il s'ensuit que l'action en dommages-intérêts est subordonnée à sa volonté ;

« Attendu, d'autre part, que le préjudice dont la réparation peut être demandée n'affecte que la personne elle-même de la partie lésée et seulement quant à des droits qui ne peuvent être pris et considérés par les tiers comme gage de leurs créances ; qu'à ce point de vue encore l'action doit être considérée comme exclusivement personnelle à la partie lésée ».

[1] Voir Tribunal civil de Meaux, 6 décembre 1882, *Gaz. Pal.*, 1883, I, 559, qui décide que l'action en dommages-intérêts pour accident de personnes est essentiellement personnelle à la victime et que les créanciers de celle-ci ne peuvent l'exercer.

Tribunal civil de la Seine, 12 janvier 1882, *Gaz. Pal.*, 82, I, 289.

Tribunal civil de Brest, 25 juillet 1900, *Mon. Jud.*, 6 décembre 1900.

Angers, 12 juillet 1872, *D. P.*, 1872, V, 386.

tiers comme gage de leurs créances [1] », et, lorsqu'il s'agit d'évaluer le préjudice qui a pu être causé soit aux héritiers, soit à ces mêmes créanciers de la victime agissant en leur nom personnel, elle tient compte justement de ces mêmes éléments de préjudice, qu'elle considère, d'autre part, comme formant l'apanage exclusif de la victime.

Il y a là, il nous semble, une contradiction flagrante.

L'accident, par exemple, met le débiteur dans l'impossibilité de gérer ses affaires qui périclitent : il se ruine. Si les créanciers demandent à agir à sa place contre le voiturier, la jurisprudence leur dit : non ; votre action n'est pas recevable ; le préjudice dont vous demandez la réparation, il n'appartient qu'à la victime de décider si elle entend en exiger la compensation pécuniaire. Si, au contraire, les mêmes créanciers excipent de l'article 1382 du Code civil pour justifier leur demande, les Tribunaux accepteront parfaitement qu'ils invoquent comme élément de préjudice la ruine des affaires de leur débiteur, ainsi que « la suppression des facultés et des aptitudes dont ce dernier faisait un fructueux emploi [2] ».

En fin de compte, n'est-ce pas exactement la même chose, c'est-à-dire de quoi les créanciers se plaignent-ils dans les deux cas, sinon de l'appauvrissement ou de la disparition de leur gage ?

Il est regrettable, dans tous les cas, que la jurisprudence ne s'en soit pas expliquée plus clairement, car, pour nous, la différence nous échappe.

---

[1] Tribunal civil de la Seine, 9 janvier 1879, précité.
[2] Tribunal civil Seine, 4 juillet 1901, précité.

Il serait inexact de croire, cependant, que les annales des décisions judiciaires présentent sur le sujet qui nous intéresse une constance absolument invariable. Car on rencontre çà et là éparses quelques solutions, peu nombreuses, il est vrai, qui accordent aux créanciers le droit d'agir contre le voiturier au nom de la victime leur débiteur[1]. Elles sont, en général, de date récente, mais quelle que soit la tendance qu'elles semblent indiquer, il nous paraîtrait au moins prématuré de vouloir en conclure à un revirement de la jurisprudence que nous souhaitons néanmoins.

§ 3. Appendice : Du droit des tiers non créanciers de demander à l'auteur responsable de l'accident la réparation du préjudice qu'ils éprouvent.

Ce que nous avons dit en abordant l'étude des différentes personnes auxquelles l'action en responsabilité peut appartenir nous dispensera d'un long commentaire sur ce sujet.

L'article 1382 du Code civil en disposant que « tout

---

[1] Douai, 16 mars 1898, *D. P.*, 1898, II, 415. « Attendu que Tromont père, blessé par la faute des défendeurs a possédé le droit de les assigner en réparation du préjudice éprouvé, qu'une action provenant du préjudice matériel est née en sa faveur : qu'elle lui appartenait lorsqu'il est décédé ; que ce décès s'est produit trois jours après l'accident, c'est-à-dire à une époque trop récente pour que l'on puisse inférer de son silence qu'il avait renoncé à l'exercer ; qu'à sa mort l'action est restée dans son patrimoine.

« Que cette action qui a pour but la réparation d'un préjudice matériel et l'obtention d'une somme d'argent plus ou moins élevée à titre de dommages-intérêts n'est pas une action attachée à la personne... »

« fait quelconque de l'homme qui cause à autrui un
« dommage oblige celui par la faute duquel il est
« arrivé à le réparer » indique en outre suffisamment
que la recevabilité de l'action qu'il édicte n'est subordonnée qu'à la justification du préjudice subi. Tous les
auteurs sont d'ailleurs d'accord sur ce point, et l'on ne
retrouve point ici les controverses que nous avons eu
à signaler précédemment. Tout individu à qui les conséquences d'un accident porte une atteinte quelconque,
peut donc en exiger la réparation du voiturier. Comme
le dit très justement M. Féraud-Giraud[1] « il suffit,
« pour que l'action en responsabilité soit recevable
« que le fait ait pu entraîner pour le demandeur
« directement ou indirectement des conséquences
« actuelles et dommageables ». Et la Cour de Paris a
fait une saine application de ces principes en rejetant,
mais pour défaut de justification seulement du préjudice subi, la demande d'un individu associé en partici-
pation d'un voyageur victime de la catastrophe de
Juvisy survenue en juin 1872[2]. Le demandeur n'était
point créancier, mais réclamait seulement la réparation
du préjudice qu'il prétendait avoir subi du fait de
l'accident.

C'est, au surplus, l'application pure et simple des
principes généraux du droit ; on comprendra donc
facilement que nous n'insistions pas davantage.

[1] Féraud-Giraud, t. III, n° 417, p. 346.
[2] C. de Paris, 27 mai 1876, *Bull. ch*, 1880, p. 130.

CONCLUSION

On a pu constater, au cours de cette étude, combien de difficultés résultaient de l'absence de textes précis relatifs à notre sujet. Il serait donc à souhaiter qu'une intervention prochaine des pouvoirs publics vienne combler cette lacune de notre législation. Dans la plupart des pays d'Europe, au fur et à mesure de l'augmentation des entreprises de transport, des lois spéciales ont réglementé les questions qui nous occupent ; mais, à notre avis, elles ont eu le tort d'imposer en général d'office aux voituriers une lourde responsabilité que rien d'ailleurs ne justifie. Nous avons vu, au contraire, les avantages que présente sur son rival le système de la responsabilité délictuelle ; c'est dans ce sens que nous souhaiterions voir prochainement intervenir le législateur.

BIBLIOGRAPHIE

Aubry et Rau, *Cours de droit civil français.*

Baudry-Lacantinerie, *Précis de droit civil.*

— *Traité théorique et pratique de droit civil.*

Bédarrides, *Transports par chemins de fer.*

Carpentier et Maury, *Traité des chemins de fer.*

Chavegrin, Note dans *Sirey*, 1896, II. 226.

Cotelle, *Des dommages-intérêts en matière de transport.*

Dalloz, *Répertoire et Supplément*, voir surtout Responsabilité et Commissionnaire de transports. Jurisprudence générale.

Demolombe, *Traité des Contrats.*

Emion, *Manuel pratique ou Traité de l'exploitation des chemins de fer.*

Esmein, Note dans *Sirey*, 1900, II, 57.

Exner, *La Notion de la force majeure, Traité de la responsabilité dans le contrat de transport*, traduit par Seligmann, 1892.

Féraud-Giraud, *Code des transports de marchandises et de voyageurs par chemins de fer.*

Feolde, *Transports par chemins de fer.*

Gazette du Palais, surtout les dix dernières années.

Gazette des Tribunaux, Recueil périodique.

Giboulot, Note dans *Dalloz*, 1872, II, 97.

Grandmoulin, *De l'unité de la responsabilité* (thèse, 1892).

Guillouard, *Traité du contrat de louage.*

Journal *la Loi.*

Labbé, Note dans *Sirey*, 1890, IV, 17, et 1881, II, 21.

Lamé Fleury, *Bulletin annoté des chemins de fer.*

Larombière, *Des obligations, t. V.*

Laurent, *Principes du droit civil français.*

Lyon-Caen, Note dans *Sirey*, 1885, I, 129 ; *Dalloz*, 1888, II, 139,

— et Renault, *Traité de droit commercial* (2e éd.).

Mangin, *De l'action publique.*

Moniteur Judiciaire.

Picard, *Traité des chemins de fer.*

Saleilles, Note dans *Dalloz*, 1897, I, 433.

— *Les accidents de travail et la responsabilité civile,* 1897.

Sainctelette, *De la responsabilité et de la garantie,* chap. iv *Du transport des personnes.*

Sarrut, Note dans *Dalloz*, 1885, I, 433 ; 1899, I, 65.

— *Revue critique de législation,* 1885, p. 138.

Sourdat, *Traité général de la responsabilité* (3e éd.).

Sirey, *Recueil périodique.*

Tarbouriech, *Des assurances contre les accidents du travail.*

Zens, *De la responsabilité du voiturier à raison des accidents de personnes.*

Verne de Bachelard, *De la responsabilité des chemins de fer en matière de transport.*

TABLE DES MATIÈRES

Lyon. — Imp. A. REY, 4, rue Gentil. — 32436

www.ingramcontent.com/pod-product-compliance
Lightning Source LLC
Chambersburg PA
CBHW061241060726

47596CB00002B/370